[以色列] 阿米尔·欧尔 著

王浩 译

时间博物馆

外语教学与研究出版社
北京

译序

对于大多数中国读者而言，阿米尔·欧尔（Amir Or）这个名字并不响亮，甚至十分陌生。如果按图索骥，到百度上搜索一下，可以找到这位以色列诗人不足百字的简介，甚至还有他几首诗歌的中译文，但关于诗人及其作品的更多内容似乎还无从知晓。其实在近年来举办的各类中外诗歌交流活动中，欧尔是一位日渐引人关注的参与者。这不仅因为他在以色列诗坛独树一帜，也因为热心的朋友把他的一些诗作译成中文在圈内传看之后，赢得许多同行的赞叹和推崇。在中外诗歌交流愈益频繁之际，将欧尔近一二十年来的部分诗作译介到国内，应当能给中国读者心目中的今日世界诗歌版图增添一笔亮色。

欧尔1956年出生于以色列首都特拉维夫，早年就读于赫兹利亚希伯来高中，之后曾在军队服役。他经历丰富，年轻时曾当过牧羊人，干过建筑工，开过餐馆，也曾客居海外，先后在荷兰和印度生活了几年。这些年里，欧尔一边为庸常的俗务忙碌，一边借诗性的思考神游于形而上的领域之中。或许是为了了结一桩多年盘踞心中的愿望，或许是为了给缠结在脑海中的哲思寻求一个出口，他重返象牙塔，到耶路撒冷希伯来大学学习哲学和比较宗教学。几年的苦读证明他的直觉不错，他找到了极佳的人生定位，不仅以优等生身份获得硕士学位，毕业后还在该校讲授古希腊哲学。

当然，如果欧尔自此投身于哲学、宗教的研究与教学，希伯来大学或将增加一位成果丰硕的学者，但在他身上，诗性思维的显现似乎比哲学思维更加突出。无论对日常事物的感触还是对哲学、宗教的思考，诗性的表达似乎总是占据着他的舌尖与笔端。他的诗歌写作始于1977年，不过他的第一部诗集《我透过猴子的眼睛去看》（*I Look through the Monkeys' Eyes*）直至1987年才出版。这本集子为他赢得希伯来大学颁发的哈里·哈什恩（Harry Harshon）文学奖，此后他的诗歌创作便一发而不可收，于上世纪90年代先后出版了《面孔》（*Faces*，1991年）、《赎回死者》（*Ransoming the Dead*，1994年）、《因此！》（*So!*，1995年）、《诗》（*Poem*，1996年）。至2015年，诗人共出版了13部诗集，其中一些诗作被译为40多种文字。

作为一位诗人，欧尔不仅沉迷于诗歌写作，也热衷于文学翻译，其希伯来文译著包括《托马斯福音》（*The Gospel of Thomas*，1992年）、《松开四肢的欲望——希腊艳情诗选》（*Limb-Loosening Desire: An Anthology of Erotic Greek Poetry*，1993年）、《〈摩诃婆罗多〉故事选》（*Stories from* The Mahabharata，1998年）。值得一提的是，他还与前妻高桥晓子合作，将谷川俊太郎的诗集《致女人》和吉本真秀子的小说集《蜥蜴》译为希伯来文。此外，他还参与自己诗歌的英文翻译，而且他的希伯来文诗作大多都已译为英文。这本集子即从他的英文版诗集选译而来。

本书共分为六个部分，即《战利品》《来自时间博物馆的图片》《迷宫》《诗》《晨诗》《旅途》，收录了欧尔二十多年来在不同时期、不同心境下创作的一百余首诗歌。《来自时间博物馆的图片》译自同名诗集（*Plates from the Museum of Time*，2009年），《迷宫》选自《时间博物馆》（*Muzeion Hazman*，2007年），《诗》译自同名诗集（*Poem*，2004年），《晨诗》和《旅途》选自《翅膀》（*Knafayim*，2015年）。其中，《迷宫》和《旅途》原本是组诗，选入这本集子时有所取舍。《战利品》汇集了从多部诗集中抽取的单首作品，起初我以《其他诗歌》为题将这组诗歌放在最后一个部分，但欧尔要求将其作为第一个部分，而另外五个部分也并未按照诗歌出版的顺序来编排。欧尔这样做的用意我并不十分明了，但我想单独的诗歌各有其内涵，而当不同的诗歌排列在一起的时候，其组合方式也将对读者的阅读体验产生特殊的影响。按照目前的顺序反复阅读这六组诗歌的话，或许能够慢慢领悟其中的妙处。

比较有趣的是他起的《战利品》(Loot)这个标题。我不明白他何以选中这个本身看不出多少诗意的词。我既看不出这个词与这些诗有什么联系，也不知道"loot"究竟该译作"劫掠"、"洗劫"还是"赃款"、"赃物"。针对我的疑惑，欧尔的答案十分简单："loot"意指他劫获的诗歌。如此出人意料的解答，令人不禁莞尔，同时也对他诗意的隐喻十分叹服。

同样令人意外的是颇富元诗学意味的《诗》这个标题。题名为《诗》的组诗共有18首，均无单独标题，仅以数字标记，但又有一行类似题铭的诗句冠于每首诗之前。《诗》的原始排版方式，是将"题铭"单独置于一页纸上，诗句正文则从下一页开始。出于美观的考虑，我请欧尔允许我在译文中将每一句"题铭"和与之相关的诗并置在同一页上，仅在两者间留出一些空行，欧尔欣然应允。

此外还要说说《迷宫》。这个标题的英译文是"Labyrinth"，《迷宫》组诗中有一首诗也叫《迷宫》，但其英译文是“Maze”。这两个英文单词似乎都只能译作“迷宫”，并且在英文的用法中，这两个词也可以互换，但严格说来，两者的所指并不相同。labyrinth的概念始于希腊神话，指的是仅有单一通道的一种复杂建筑或图形，理论上说，走入这种迷宫的人，只要沿着这条道路一直走下去，最终将从最初的入口走出来。相比之下，maze是具有多重分岔口的复杂建筑或图形，走进去的人很有可能迷失在其中，再也走不出来。

因此，在一些西方人的观念中，labyrinth象征着一个复杂而艰难的过程，一个为了达到崇高的精神目标而必须经历的过程，而maze则多被用作一种智力游戏或是科学实验的工具，用于娱乐目的，或是检测动物的智力水平。由于两个词都译作“迷宫”，而且在《迷宫》组诗中有不同的使用，故此预先加以说明。首先，组诗的题目是Labyrinth；其次，《在大宅中》两次提到的“迷宫”也都是Labyrinth；第三，组诗里《迷宫》一诗中的“迷宫”则都是maze。此处的用词差异与相关的诗意构成，可待读者慢慢体会其中的玄妙。

说到玄妙，欧尔的许多诗歌都透出某种玄学意味，尤其是收录于诗集《白天》（*Day*，1998年）中的作品。起初我翻译了其中几首，但欧尔一再委婉地建议，希望先把他认为易于阅读和理解的作品呈现给中国读者，于是只能作罢，仅保留了其中一首，即《外来者》。即便如此，诗中天马行空、瑰异诡奇的意象，如“向旋转的深渊打开的那扇门”、“裂口与春天之间的无形门轴”、“在最后一次呼吸中冻住”的鳃，已能让读者的思绪流向诗人心灵玄妙的深处，在久久的盘桓中观照诗人的玄思在这些意象中的生成。

这也使人不由得想要到诗人的经历乃至血脉中探查他灵感的来源。欧尔的祖上曾是名震一时的拉比（Rabbi）家族，犹太教历史上哈西德派（Hasidism）的创始人之一埃利梅莱赫（Elimelech of Lizhensk）就来自这个家族。哈西德派是犹太教的一个虔敬派，崇尚神秘主义，欧尔对家族的历史成就引以为豪，这不但可以解释他对哲学与宗教的痴迷，也有助于说明为什么他要用诗性的语言来传达心灵结构中的神秘主义元素。出于对诗人意愿的尊重，更多的此类诗歌只能暂付阙如，希望在欧尔将来的中文作品集中能够再窥一斑。

换个角度看，欧尔的诗歌主题丰富多彩。和众多优秀的诗人一样，他用诗意的语言来再现自己对宇宙、人生、社会的观察、体悟和思考，因此我们可以先从这本集子入手，去领略他诗意世界的不同侧面。这也意味着，为了进入他的诗意世界，有多条路径可供选择。如果说我因有幸担任欧尔第一本中译诗集的译者而具有优选权的话，那么我想要采用视觉这条道路去一窥究竟。这既是欧尔诗歌中丰富的意象所使然，也是他观察事物的独特方式所引发的结果。

欧尔的诗歌表达对视觉具有特殊的偏好，欧尔在意象建构的过程中特别注重视觉的作用。眼耳鼻舌身意六根，与色声香味触法六尘碰撞、摩擦，在佛学的意义上可以产生六识，在诗学的意义上可以产生多种意象。欧尔对“眼根”的依赖胜过其他五根。其实当语词把一个形象推到读者眼前的时候，“眼根”的作用是不言而喻的，但欧尔似乎觉得这样做尚显言不尽意，因此他不断写到眼睛，写到“我的眼睛”“你的眼睛”“我们的眼睛”“猴子的眼睛”“眼睛中的眼睛”。眼睛是他捕捉意象的最直接、最重要的器官，他直言对眼睛的依赖，在《灰白》中写道：

天空灰白，菩提树赤裸着。
手握着笔，眼睛握着它的所见。
白天慢慢打开，通向存在。

诗人对世界的感知主要靠眼睛，视觉就是他握住世界的重要方式。用眼睛来把握周遭的事相也是人类惯常的视觉行为，但正是因为视觉已成为我们熟视无睹的存在，所以只有海伦·凯勒会如此渴求三天的光明。欧尔却在这里显示出他的与众不同，他不但珍视、依赖自己的视觉，而且将其提升到某种存在论的高度，把“我”和“我的眼睛”融为一体，把“眼睛”等同于“我”，于是在《图片11：沙与时间》中写道：

我的眼睛在晨走，漫步在天光熹微的世界里，
那里的睡梦和清醒

还未与影子
和叶子分开。

慵懒的太阳在我慵懒的眼中升起
一抹清凉的蓝色从东方渗出。

然而，依赖并不是信赖，用眼睛去把握目力所及的一切，并不意味着眼根与色尘的交互作用就能产生稳固、可信的实相。影子与叶子，太阳与蓝色，是诸法空相的层层相续，正如在“视野的穹隆”中次第呈现的蓝天与白云（《图片10：绽放》）。诗人并不在眼睛的视觉作用之外寻求事物的真实存在，也不追问事物究竟以何种方式呈现出来：

一颗露珠在清晨的一片叶子上闪耀。

别问“是怎样”，而问“从哪里来”：

事物的样子就是眼睛的形状。

“眼睛的形状”已然成为事物样态的规定性，所以事物究竟是什么样子已无从考证，无从考证，便不需要考证。诗歌可以渗透着哲思，但诗歌不是哲学，对缘起性空的参悟，与对诸法空相的再现并不矛盾。虚相、幻相、假相都不妨碍诗的生成，甚至其本身就是诗歌意象的重要组成部分。所以欧尔不但没有因此受到阻碍，反而沉浸于他的视觉世界中，把读者的目光引向各种事物。不过，在作为主体的眼睛与作为客体的事物之间还具有一层重要的连接，那就是观看的方式。

欧尔所描述的观看方式包括动态的“看”（look）、“看到”（see）、“看见”（spot）、“观看”（watch）、“扫视”（glance）、“瞥见”（glimpse）、“瞪视”（stare），也包括静态的“看到”（seeing）、“凝视”（gaze）、“视野”（vision）、“视点”（view）、“视线”（sight），当然这样的划分是依词语在使用中的词性而言，英文的glance、gaze、glimpse、stare、watch均可以作为名词，而view和gaze也可以作为动词。这些观看方式有的来自诗人，更多的则来自诗中的人物。不同的观看方式之间具有或多或少的差别，有的差别十分微妙，而且每一种方式都能从一定程度上标示出观看者的时空位置、心理状态和情感态度。这些词语就和“眼”“眼睛”“双眼”一样，不断提醒读者去关注和参与诗人的视觉体验。眼睛与观看合成一种主谓结构，其宾语则是缤纷的万物，从草叶、花瓣到山川、河流，从咖啡、烟蒂到日月、星宿，欧尔有看不尽的春露秋雨、花开花落。在诗人眼中不断浮现的众多事物当中，有两种物像十分特殊，一者是“眼睛”，一者是影像。

之所以说欧尔偏爱视觉，因为他不仅依赖自己的眼睛，也特别关注他看到的、感受到的眼睛：他看到“血液涌进眼睛的裂纹”（《图片3：镜子》），看到“眼睛与声音的密林”（《诗》之七），看到“眼睛在每一个角落里绽放”（《图片10：绽放》）；他看到另一个人“体内仍然充满着眼睛”（《诗》之七），他看到临刑者“被那些眼睛重重包围”（《眼睛》）；他在局促与不安中感到周围“一切都是眼睛”（《图片15：书桌》），他请求黑夜“用眼睛把我覆盖”（《黑夜》）。这无数眼睛散布在他的诗行之中：有的是明显的提喻（synecdoche），让人感受到被示众时的无比压抑；有的似乎是借喻，使绽放的花朵也能与诗人对视；有的似乎来自某种异乎寻常的心理体验，令人感到神秘而新奇。

诗人的眼睛不但对事物有直接的把握，还格外迷恋影像，他的诗中不断出现“影子”(shadow)、“形象”(image)、“映像”(reflection)等词语，此外还有形成影像或映像的“镜子”(looking glass, mirror)。我们一般认为，事物本身是真实的，事物的影像是退而求其次的选择。求真虽然不是诗歌的根本任务，但“真实”的事相更加生动逼真，这似乎已经成为诗歌写作与鉴赏的常识。但欧尔在这个问题上喜欢另辟蹊径，他更喜欢在人和事之外去捕捉其影像，再把影像叠加在人和事之上，赋予其更多信息，形成更为厚重的意象。《外来者》中的诗行可以为证：

这条路穿过棚屋和货摊，而身影、背影和衣衫
在他留于情人眼中的映像里，仿佛一个焦热的形象

被烤炙；从挂在家中墙上的镜子世界向外张望，
混迹在积水里的生物之中，在雨和光之间摇曳。

从主语“眼睛”到谓语“观看”，再到作为客体的事相，欧尔对视觉的感受与呈现方式形成了完整的链条，也开辟了一条通向其诗意

世界的途径。不过这里也产生了一个附带的问题：如果说事物的影像在诗意构成上可以超越事物本体的话，那么译文在诗意传达上是否可以贴近原文？我以为，问题的答案可以用柏拉图的“理念”为喻，原文就好比“理念”，译文则是对“理念”的模仿。模仿是具有先天缺陷的，而我所面临的窘境在于我的中译本是对英译本的“模仿”，是“影子的影子”，与原文“隔了两重”。由于我不懂希伯来文，所以只能以这种差强人意的方式来完成一件至少在当下自有其意义的工作，并且寄希望于将来以希伯来文为底本的中译本能够弥补这一缺憾。

就译文本身而言，我始终担忧两个问题：一是好不好？二是对不对？“好不好”是由读者来评判的，译者只能全力以赴，此外难有更多作为。至于“对不对”，我想这是一个令任何严肃的译者都噤若寒蝉的问题。与众多同行相比，我的幸运之处在于始终得到美国诗人、翻译家、汉学家梅丹理（Denis Mair）先生的无私支持。他是译稿全文的第一位读者和校阅者，他一边给文稿纠错，一边点评翻译的得失，给艰辛翻译的过程增添了不少学习的乐趣。但即便如此，还是难保某些舛误隐藏于偏僻的角落，等候着读者的指正。

王　浩

2016年12月于昆明

目录

战利品

来自时间博物馆的图片

迷宫

诗

晨诗

旅途

战利品

语言说：语言前面
站着一种语言。语言是痕迹
被那边玷污。
语言说：听着。
你听：这里曾有
　　回声。

拿着沉默并试着保持沉默。
拿着词语并试着说话：
语言之外，语言是一道伤口
世界从这里源源不断地流出来。
语言说：是，不是，也是，
也不是。语言说：我。
语言说：来吧，我们来说你，
让我们触碰你；来吧，说
你已经说了——

野蛮人（第二轮）①

我们并没有白白等待野蛮人，
我们并没有徒劳地聚集在城市广场。
我们的大人物并没有徒劳地穿上官袍
为这盛典演练致辞。
我们并没有徒劳地砸毁自己的庙宇
去给他们的神明修建圣殿，
我们还理所当然地烧掉自己的书
因为书的内容与这些人无关。
如同先知预言的一样，野蛮人来了，
从国王手里拿走了城门的钥匙。
但他们来的时候却穿着本地的服装，
他们的风俗与我国没什么两样，
而当他们用我们的语言发号施令
我们却记不起
野蛮人是何时来到我们当中的。

① 诗人用“第二轮”表示这首诗是对希腊诗人卡瓦菲（C. P. Cavafy，1863—1933）《等待野蛮人》一诗的应和。

阿普，第一位智者，半人半兽，蹲着，撅起嘴唇，面对着从他掌心落下的种子长成的大麦穗。他沉思着挖了会儿鼻孔，然后把手指插进湿润的泥土，又在这孔洞里埋下一粒种子，于是发明了农业。古书上说，阿普就是这样和土地同床的。阿普只用了一个三段论便拯救了人类，使他们不致落入永恒当下的黑暗中，并给予他们过去和未来；他只用了一个三段论就教会人们如何去渴望那些不在场的东西。阿普就是这样进入死亡之洞的，并在里面发现了——文化。因此谚语说，我们所有的科学加起来都不如阿普头上的一只虱子蛋。

哈希，第六位智者，偷走大麦穗，偷走了土地女巫的贞操，还从燧石山的深处偷走了火。他把燧石碾碎，他把女巫揉成团，他烘焙泥土。哈希就这样发明了面包。古书上说，不到一小时，哈希就从富人那里偷走了贫穷，从智者那里偷走了愚蠢。所以谚语说，哈希在这儿吗？——当心你的口袋！我们所有的财富加在一起都抵不上哈希的贫穷。

盲人戈马，第十一位智者，是最先发现语言的人。他拍打着肚皮，里面传出沉闷的声响，但没有一点用。戈马大声喊：“面包！”直到人们懂得符号与所指的秘密。古书上说，就这样，戈马指东西不用手，看东西不用眼。戈马用一个词把人从时空里拯救出来，让愿望长出翅膀。所以谚语说，我们所有的书加在一起就像戈马的双眼一样。

纳诺，第一百零八位智者，他环顾四周，但什么也没看到；他竖起耳朵，但什么也没听见；他伸手触摸，但什么也摸不到。古书上说，救赎随纳诺一起来到这世上。

完美的谋杀不需要理由，他说，
完美的谋杀只需要一个完美的对象，
就像在奥斯维辛。
当然，不是在焚尸炉里，其实
是在之后，在工作时间以外。
然后他陷入沉默
看着啤酒上的浮沫
呷了一口。

完美的谋杀是爱，他说。
完美的谋杀不需要任何完美的东西
只需要付出
越多越好。
即使扼紧咽喉的记忆
也会永存。即使是让我手腕震颤的嚎叫
即使如恩泽般洒在冰冷躯体上的尿
即使是唤醒另一种永恒的靴跟，
即使是沉默，
他说，
眼睛盯着浮沫。

的确，真可谓“劳动使人自由”
但完美的谋杀不会弄洒
一滴，
就像孩子的双唇，他说，
就像沙子和泡沫
就像你
正在听
边呷边听。

特拉维夫，我漂亮的妓女，
化了妆的小女孩，
给我灌了满满一浴缸蛋酒，
把芦笋尖喂给我吃！
用一个个口红印抚慰你的孩子，
让他们吮吸每一个圆孔。

扎基，手心长着白似绦虫的一根毛，
他用针扎自己
以确定自己还没死；

米米，用欧元买玩具
把我们都当作冰淇淋；

迪娜，跳舞不用音乐伴奏
却总知道什么时候换了曲子；

多维，微笑着，颤抖着
学着马哈拉吉上师坐禅
在扩音器面前，被范吉利斯的超音爆
震得发抖；

老阿维亚，在墓地里捡过骨头，
还用古老的纸牌给世界算命；
当着我们的面化妆，就像月圆之夜
窗前的新娘；

伊登，在中央车站的公厕里
用手比划人体造型，
夏天曾睡在大海边上，
身上的肉被鱼和渔夫小点小点地啃吃；

艾瑞斯，大口嗑药就像吃糖
和锁在厨房里的老奶奶一起喊叫
一次一次想要去咬
左哈房间里铺满墙壁的勃起的阳具。

布满石头残肢的城市，我们曾崇拜你，
疯狂地在墙上找门，
但走在埃舍尔永无止境的表面上
我们迷失了方向。

我漂亮的妓女，
化了妆的小女孩，
别从你肉体上洗去夜的气味，
别忙着扣上纽子
或是用清晨的围巾
掩盖身上的吻痕。

该被囚禁的年轻人，麻风病人兄弟会，
我们这儿有火和木炭，用于燔祭的羊羔
我们的肉在牛排馆的炉子上被烤焦。
我们害怕迷宫，却卡在了荆棘丛中。

早晨

早晨，男子汉先生起床，脑袋一跳一跳地痛，
昨夜干了一杯酒或是十杯，现在
堆成山的文件在桌上等待处理，
他必须去公司签到。
他冲向公交车，而他的老板
那个喋喋不休、吹毛求疵的家伙
正举着一柄炒鱿鱼的剑，
熟练地劈向让他抓个正着的迟到者。
九点差一分——他进了电梯，
再有两分钟就进了办公室。
他两眼呆望着笔记本电脑的屏幕，
仿佛他一直就在那里。
他真想一把火烧掉这办公室，
而他的双唇向每个人说你好。

他们怎么会要查找我这样一个公民？
我什么也没有做；
对我来说，无所作为是基本原则。
即使我偶尔表达一点看法，
那也不是我的本意——只是些无足轻重的言词
说出来只是为了应景
为了迁就某个固执己见的交谈者。
他们在我身上找不到任何把柄，你知道——
当他们去没收、囚禁、消灭——
我从不对任何事情表态，我一直保持沉默
我在每一个权威面前低下卑微的脑袋。
我会一直等到危险过去，
并很快又重新开始我简单快乐的生活。

他一路单腿跳到公园。细雨蒙蒙。
他摘了一片巨大的叶子顶在头上。
然后他脱掉衬衫。
接着又脱了鞋。
他在湖岸边停下脚步，双眼紧盯着水面，
脚趾插进黑色的淤泥，整个人在风中摇荡。
他被解雇了，自由了。

什么都没有，过去不曾有，将来也不会有。
云，越聚越多。
一只好奇的鸭子过来啄他的脚。一只手像闪
　电般掠过。
他狠命地掐呀掐。然后两只手
握着脖颈把它抛甩出去，就像村里偷鸡的小
　孩那样。
没了脑袋的鸭子
跑出去将近十米
然后瘫倒在
湖边。

水面破开，变成蓝色。
他立在那儿像根弯曲的排水管
一直尿啊尿。
他没穿衬衣。
他觉得冷。

死亡，更多的死亡；沙，更多的沙
我们站在广场上渴望存在

并且像高山的影子那样，
用梦中醒来的图画覆盖这城市。

她刚才是否在那里？在我体内的这个陌生人
有能力却做不到，我试探着嗅嗅空气：

“我们还要在这死沙上行走多少年？”
高山在一瞥之下就像一个幻觉或是一场海市
蜃楼。

沙子继续在脚下移动，就像没有起始的记忆，
而每一个地方都是任何地方。

道路向上还是向下？你是否在此，在我目光
的后方？
我注视的目光在不在我前面？我们是从哪里
来的？

我们俩已经踩着溺死者慢慢融化的脸
独自穿过宽阔的沼泽。

许多年，我们一直长生不死。
在阿姆斯特丹，在阁楼中，我们看到窗户里
　可怕的悲伤。

在死亡与死亡，沙和沙之间
我们还要再走多远？

给我们一个新的过去，给我们一次新的死亡。
今天请给我们这一天的生命。

一片叶子沙沙作响，又沉静下来。响声在耳
　中驻留。
这里的天空贴着水，云彩贴着地。
只有湖面把高处的图景困入它的深处：
松林和苔藓，泥土，洒满落叶的小径
半掩在淡淡的雾里。

只有你短暂地漂浮在芦苇间的脸庞
知道我的窗户忘记了什么：
秋天已经路过，你在此行走
水在你的步履下归于平静。

如何

如何说呢？你靠得太近让人难以承受，
你是心中爆裂的果实，
你是喑哑的口中含着的名字
就像地球掌心里的海。
我触摸，并羡慕我触摸的手；
触摸着，我渴望去触摸。

这静止的时刻让人恐惧：
你被层层包裹在这里的最深处。
灵魂之火在这里燃烧，燃烧。
这颗心燃烧不尽。

月亮

我两腿间的猛兽
向你两腿间的猛兽嚎叫。

我齿缝间的月亮
向你心中的月亮嚎叫。

我心中的猛兽总能嗅到你的气息。

来吧

来吧，让我们造爱，而不是现实。
我没有余力去死
去消亡。
这种相异性，你的和我的，
不是那么危险（至少
在我自己看来是这样）。
不。甚至不要试图
去理解我。
而是反过来，
把我当作一个敌人，
机敏地监视我，
保持警惕。
记录下
所有的岗亭，
所有的秘道，
那些同谋，
那些刺客。
总之，
作好一切准备。
之后
骰子会被掷出——

于是无法再搞清楚

谁是双重间谍

谋杀的动机是什么

以及是谁

砸毁了

棋盘。

同样不清楚的是

以上

是谁的报告。句号。

再读一遍。读出字里行间的秘密。

重新编码。销毁所有证据。

准备好了吗?

那就来吧,

让我们造爱。

有一种速度

有一种速度，事物在其中平静下来。
有一种方式，其中的一切都是幸福。
这里没有任何东西享有名望：
一切被触摸过的东西，都已经触摸过。

有一种目光，只朝向这里。
有一种地方，深陷无底。
不再有遥远的事物：
已经离去的她，已经离去。

失去的东西，还将继续失去。
有一种速度，和手一般大小，
有一种速度，事物在其中平静下来。

有一种速度，从不匆忙，
有一种停歇，并不止步。
已经远行的人，将继续远行。

射手

我的皮肤比风更敏捷，
我的箭比我的腿更快，
我脱光衣服，
脱光我的词语、我的脸——
一点接着一点。高耸的云天里
在微风中俯冲的鹰
对我来说还是太迟缓。
我的此生，我的来世
一层一层地褪去。
在峰顶与深渊之间
朝向虚空，朝向无风的寂静，
我
纵身一跃
用牙齿咬住我射出的箭。

墓志铭

当你在这路上漫步，请稍作停歇，
到桑树和藤蔓边坐下。
傍着水和树荫，还有石头的白皙。
我躺在这里，一个年轻人，一位国王。

我的脸是冰凉的大理石。我的手、脚也是。
我披着蕨草和落叶。
我也未曾走远，
我也曾活着。

当你在这路上漫步，请稍作停歇，
让你脚下踩碎的浆果糊住我的双眼。

三个厨子
去除内脏，
填进虾和蘑菇。
用了十二个蛋黄，
三瓶白葡萄酒，
二十瓣蒜，
盐，胡椒，香草，
五百克黄油
即便有他留下的详细食谱
也用了不少天赋和灵感。
在炉子里烤三小时，
白桌布，红蜡烛，
青菜色拉和香槟。
我能说什么？
他解放了舌头但禁止了哀颂。
正如他在生前是血肉之躯，
死后同样美味并让人喜爱。

我透过猴子的眼睛去看

猴子在树冠上摆弄我的头骨
我透过猴子的眼睛去看。
我随飞鹰飘在天际
因为我的脏腑已进到它胃里；
我随虫子在地球的腹中蠕动
因为它们钻到我眼眶里吃掉了我的眼球；
我变成绿色
因为我在草叶里生长，
而我腐烂的血肉让草木葱茏。

哦！我的躯体啊，
你长得多么茁壮！

外来者

他在炙热的沙上醒来，在墙和广场之间。
卫队在他身前停步，仿佛面对着失去的记忆：

他只是条路标线？还是指路牌或者记事板？
他被扔在这岔路口

暂时的，还是永远？僵硬的身体还没死去：
看，他并非独自一人。一群没有影子和倒影
　的人

把他抬去火化
下面是洒油作祭的木柴和干粪

身上盖上鲜花。这是一个人还是一条鱼？
他将会活下来，还是会随扶灵的人走进

在裂口与春天之间的无形门轴上转动着的，
向旋转的深渊打开的那扇门？

他的手、腿和脖颈已经被固定，
就这样，他一步跨到人们视线之外

并消失在他的影子里。他的鳃在最后一次呼
吸中冻住，
他黄色的影子还留在后面，

就像修士空荡荡的袍子被扔在地上，
在布满辙痕的路上任人踩踏

这条路穿过棚屋和货摊，而身影、背影和衣衫
在他留于情人眼中的映像里，仿佛一个焦热
的形象

被烤炙；从挂在家中墙上的镜子世界向外
张望，
混迹在积水里的生物之中，在雨和光之间
摇曳。

这时他醒来，一个失去躯壳的人，像战利品
一般
被无时不在的掘墓人抬着。送葬的队伍

在缓缓的沉默中行进，仿佛穿过浓稠、渐凝
　的液体；
哭泣的女人不知在哪里，但她们悲恸的声音
　越来越近：呜哇！呜哇！呜哇！

人群被淹没了，并没有从黑暗中完全显露出来
慢慢跟在扶灵人身后，就像一条由影子构成
　的尾波，或是沙滩上

拖在一只螃蟹身后的泡沫。他醒着，双脚踩
　到以前没有顾及
这次也没有料到的地面上；他试着挪动

就像牛犊第一次四条腿站起来让母亲舔舐。
抬尸工已经退缩，即便这动作还没被不经意
　的眼睛看到，

而是在他肢体里爬行，就像树枝在生长。
他被丢弃在沙上，在广场上，在一道墙面前，

并且过了很久他才终于站起身来，他的影子
在墙上伸长，
向广场敞开，他把缺席的双臂垂向身边，

双手伸向后面的一切。现在，当想起过去，
他不知道该不该触碰把他带到这里的东
西——念头一闪

便从他身上滑落的伟大。慢慢地，他让死亡
的痉挛
舒缓；慢慢地，他转身去看留在身后的倒影

和影子：妻子和两个女儿，一个五岁的儿子，
老母亲依旧站在那里，就像返回声源的回响，

在骨灰被抛撒的河岸上，
纳西索斯溺死的地方。

诱惑

这是曾经的诱惑：
用这个我来摩擦这个你，
用我们的思维去摩擦它产生的形象。
去感受。
我们曾在那儿，你记得，
没有母亲或父亲，没有肚脐，
只有初次的切割作为标记。
摆脱了重量、长宽、毁灭
我们在彼此体内游走，梦想过世界，
活过。
但是赌注太低，
而风险——仅仅是一场游戏。
欲望等同于行动，
瞬间完满。
我们也曾经这样（还记得吗？）来到此地：
靠一个简单的欲望，
靠一个眼神。

现在我们在这里，在黏糊糊的空气中，
费劲地把每一种感受
每一次晤面揉搓到体内。
我们的太阳升起又落下，
我们的世界在变老，
可是在这儿：
我们突然发现
我们的灵魂又添了一道皱纹，
这可是真的。是真的。最终
我们可能失败、毁灭，
最终我们活着。
我们甚至可以
暂时死去。

酒店房间

一个酒店房间——没错，绝不是私人地盘；
我身边只有睡者的沉默。
而我也被独自抛在一旁，守着
一面镜子，那里面没有脸的出现。
我从哪里来？要到哪里去？
我记得自己曾有一个名字，和生活……
但我的内心充满荒芜，
我脑袋里聚着一群出谋划策的鬼魂。
够了，让我起身，让我无畏地站出来，
让我把命运之牌重新洗过！
这次让我和死神打牌
用我的生命之宝作赌注。
只有向来倔强的镜子对我说：
我看不到你——快睁开眼睛！

珍宝

当一个灵魂的浪潮涌起，就有一个世界向后
退去，
胜利的影像早已碎作尘土，
桂冠在我的坟头枯萎，
而我就坐在这里，把钱袋倒空。
我的珍宝，我的黄金诗行，在这里造就：
这是人类的歌谣——吟咏欲望、自省与祈祷，
尽管时间嘲笑我说：*这还不够！*
荣耀的宝箱总是空空如也。
你的名字将在我体内长盛不衰，这首诗说，
你的身体会消亡，但你的语言不会。
但是我要另一盏灯来做什么？我不会再次
用飞翔的瞬间换取语言的永恒：
白天燃烧起来，此外不知他物，
如若蔑视岁月中的珍宝，人就会陷于真正的
贫困。

黑夜

黑夜，到我身边来，用眼睛把我覆盖，
让我的目光在一片片黑暗中淹没。
我身体内外的东西醒来时都不会听到
我脸上渐渐黯淡的光泽作出的判决。

黑夜，到我身边来，天空多么辽阔，
请用遗忘的毯子把我盖住。
让我沉入我此处虚无的影子，
休憩，并忘记活着这件差事。

黑夜，到我身边来，用双臂托着我
走到思想的尽头，我的生与死在那里
再次摆脱了意义，停下来，
沉回厌倦了存在的我的体内。

1

在你面前，创造自身的上帝，
我祈求你：存在！

2

我窗外的那棵树并不朝向圣地。
我的脸只朝向他。
雨的祈祷低声穿过他的叶片
他正午的叶簇向阳光敞开。
世界的风拂动他的身体；
请也教我像这样站立。

3

哦，伟大的完备者！请帮我
忘记过去遭受的伤害；
让我再次信任
我对世界的爱。

4

汩汩的水声让我的内心盈满，
榕树的枝丫让我的眼睛变绿，
清晨到来，我的灵魂会说什么？——
造化啊，伟大的艺术家，请你在我的身体上
　奏乐。
如果不是你的灵魂触摸我的灵魂，
如果不是你的眼睛透过我的眼睛去张望，
我只是一段木头，没有情感或理智，
而我存在的目的只是为了治愈伤口。
现在来染绘我的世界吧，
让我毫无恐惧地爱它，
让我相信自己的心，坚信
我没有徒然地用我的词语去触摸它。
把我像一支心爱的笔那样握在手中
并在你心灵这块石板上写下一首新诗。

5

天空升起——黑暗而明澈；
一天到来，一天又过去。
呼吸并存在，渴望、坠落——
每天教我，仿佛一片叶子。

6

感谢傍晚的天空，感谢云朵、
餐饮街、广告牌、垃圾桶、长条凳。
感谢树，感谢焦虑的晨光，
感谢在我四肢中流淌的生命，
感谢运动和休息，
感谢说出感谢的
词语。

当我来到上帝身边

当我来到上帝身边，我没有视力。
我听到身边全是他的歌声——他的渴望、
他的嚎叫、他的长叹、
他被屠宰时的低吟。
我用两个手掌抚摸他的叶片、他的绒毛
他嘴边的气息，他的脊背
依旧温热。

当我来到上帝身边，我浑身赤裸，
身上浸染着他的气味、声音和掌印。
在白天的清凉里，他行走在花园之中，
他被驱逐，成了一个逃亡者、流浪者。

当我来到上帝身边，我对他耳语
认识你自己，然后我拥抱我自己；
当我来到上帝身边，我独自一人。

两只猫蹲在奶油罐口上：

一只在舔，一只在看。

不需喵喵叫。

只有猫和欲望。

欲望说：猫。

两只猫在奶油罐里。

喵声可以区分猫和奶油。

沉默可以区分猫和猫。

奶油说：愉快；死亡；猫，

黑。

来自时间博物馆的图片

假如我曾为你描绘
这柔软的蓝光
白杨在水中荡漾的倒影
当一群鸭子在池塘水面游过
以及弧形的水岸线那边
在雨中化进云天的
灌丛、河湾、青山——

难道你不会用雪白的探照灯在我眼中搜寻
在字里行间射杀一两只鸭子
并祈求怪兽从海中升起
在你肉体面前张开耸入天际的巨口
把你从这神圣的百无聊赖中
解脱出来？

可是没必要。嘿，我在为你草绘——
横梁和钉子，还有他蝶翅中的
抽搐和疼痛一阵紧接一阵——
你们红润的面庞，风景
最后——是他那声美妙的叫喊
愉悦的一击，刺进你的肉体
令人战栗的激动——

稍等片刻。耐心一些。我就要
画完了。

图片2：证词

这是我的证词：
大约五十岁，八岁孩子的父亲（你没看到），
把词语变成诗，被爱过，被恨过（没看到），
　实际上
是某种野生动物，这里：
灵魂的切口，反抗，太敏感的嘴唇，四处张
　望（如你所看到的）
而实际上一面镜子透露的东西
并不比它掩藏的更深。一面镜子照见的
是一张二维的存在告示，
框出通缉犯的外貌。
一幅肖像从一群灵魂当中向外窥视当下；
那么灵魂呢？
你并不熟悉它，我又能给你讲解些什么？
这是麦秆，从虚空里长出来
是这把刀
把它从太一中剜下来。

而且如果世界从这映像中显现
从亚光锌幕上的层层光瀑中浮现
一个房间里的房间，一只眼睛里的眼睛
坠落在擦亮的思想上——

你是否会看见
海洋和陆地，树和动物，天空中的光线

当你的脸融化，顺着可见的事物流下来
颤动的激情，面对颤动的激情

鱼群继续穿过你的胸膛，游向
大海？

坠落的心灵，它的形象里还有一个形象
双翅徒劳地拍打着空气的镜像

最后，撞击
带来释放的巨响——

裂痕在玻璃地板上飞奔
血液涌进眼睛的裂纹
长长的商队伸向地平线
无数民族正在迁徙
　　　　　　进入教科书
　　　　　　母亲和孩子，还有一把燃烧的剑

时间破裂，
碎片。

如果你还这样盯着看
就会错过最重要的部分，没看到

镜子里，一圈一圈的波纹
穿过镜子的汩汩的回声

还有复归平静的水面。

房间的角落里——是愉悦。
一条粉色的舌头在舔舐
来自母猫血管里的每一滴乳汁。

鱼在下腹中游动，
这对它们来说很痛苦
可它们根本不知道，一点都不知道。

现在身体安静下来。全然是一堆剩菜。
在它上方轻柔地喘息着的灵魂
在那儿独自反省——

镜鸟艰难地展开
唯一的一只翅膀。

灵魂坠落，下面
小身体随着大身体颤抖

当狂暴的海把一种深度敲打进两者
而外壳就是内层，

像喉咙或是一段肠子
拢住，收缩，蠕动，吞咽它的猎物。

带电的疼痛把他抛出子宫，抛向
在叉开的两腿间俯视的面孔，

抛向房间的天空以及更远
抛向围绕住他双眼的天空的房间。

脸，脸，还是脸
来自大海、城市和燃烧的空气——

骨头在皮肤之下碎裂、折断、发出脆响
蚂蚁顺着眼孔爬下去。

墙壁转变为更多不断变化的墙壁：
一座摇篮，一个浴缸，一条街道，一座坟墓。

下面是

一声哭喊。

黑暗辨不清事物
认不出你
除非它听到你的声音在回响中游荡；
通过你的恐惧发出的酸臭，通过你的欲望
把你的形象从黑暗里撕扯出来
从无数影子里撕扯出你的影子。

黑暗是无壁的子宫——
只留下我在自己体内。
一个孩子在紧锁的暗房里学会
聆听，触摸，成为
脉搏和皮肤。

图片7：镜像

这些是永冻的镜像
这是记忆的镜厅：

一个孩子在黑暗中和影子玩捉迷藏
掉进楼梯的暗处
变成影子。

一个孩子在黑暗中
和他自己的形象分离，梦见自己的脸长向里面。

他在黑暗之镜中现出光——
并展开视线。

老师在讲课，他听到她说话
没有词语。
只有音乐。

两棵树在窗框间摆动
笔记本上的墨色形状。
他数着梦影：
两棵树，老师的言说，
他的情人关上一扇窗。

他坐在书页的白边上
树在本子里摇曳
他的心随时钟的指针转动
钟声响起——
他合上眼。聆听。
根本没有词语，他写道。

图片9：母校

于是，为了期待之中的毕业典礼，我们都在
　这儿聚集
在迦南乐土的草地上伸着懒腰，
蜂蜜正被从年轻的大腿上舔舐
奶水被从我们的胸口吮吸
混合着血液、脂肪和骨髓；
我们满意地擦着嘴唇，洋洋自得
充满了我们没想要获取的内涵。

但我们根本感觉不到痛，我们大口吞吃正确
　答案，
连同声音和语调，我们边吃边拉，
就像超市收银员给商品扫码，
然后按部就班地走出来，
头顶盘旋着一团嗡嗡声
那是一窝不属于任何人的思想。
余下的非常简单——
我们继承地球、床铺、词语

夜幕降临
与太阳重合的球体
投下有尖角的长影
笼罩着许多个我组成的队列
离场，朝家中走去。

亡者在筹划来生的时候
墓地散发出春的气息。

它们来得比梦更贴近
漫步走出各自的世界
通过死亡来到此世。

它们走上来穿过你的身体，仿佛你是鬼魂
你霍然抓住它们，身体却往后一缩。

视野的穹隆——蓝天，几丝白云
是一幅帘幕，纤薄得不能给你作遮挡。

钟声和螺号声贴近你。
你的一呼一吸都是一次降临。

春天，万物又一次在肉体里显现。
闪烁的镜子悬在风中，
眼睛在每一个角落里绽放。

用你的眼来抚摸它。你看到了吗?

只有一只孤独的乌鸦
以它奇谲的迅疾刺穿清晨。

树木依旧沉浸在夜里
用叶簇的洞穴包裹着某些维度。

我的眼睛在晨走，漫步在天光熹微的世界里，
那里的睡梦和清醒

还未与影子
和叶子分开。

慵懒的太阳在我慵懒的眼中升起
一抹清凉的蓝色从东方渗出。

我在心底处
斜倚着海洋：

我们唯一所做的就是走进去和让进来。

幽灵在湖上哭号，请求你为他们敞开
一颗心、一只眼、一个躯体，让他们再次去感受，
　并经由动物的躯体
去啃咬、品尝、闻嗅、尽享欢愉。
他们记得一只动物的身体感受，一个物体的枝干，
　　　　　　　　　　　雨、热、运动、重量。

他们早就来过这里，比我们早亿万年
在梦境的生灵中放牧着躯体；
没有跟随当时的同伴去到更加轻盈的领域，
而是留下来，留在树林和洞穴中，
在你的眼眶边，在黑夜的荒凉之中。
但他们并非长生不死，他们也会枯萎、凋零，
　　　　　　　化作无声的嚎叫，透明的饥饿。

即便他们轻拂到你皮肤上的寒战
也只是虚无对实存的渴望的触碰。

图片13：影子

仿佛时光里的身躯
太容易被忘记。
当你的光芒渐暗，它的个头在增长——
起初只是黑暗生出的小崽子
从你心脏里被拖出来
但也恰恰是这个原因
让它用温热的舌头舔舐着你的腿肚。
而每当你想起它，它甚至变得有几分可爱——
亡者扔给它一根白骨。
可刚过一小时，它已长到你的脚步般大小，
咬着你的每一个脚步，急不可耐地要成形。
夜色愈深，你愈加忧虑，
你的脚步在桥上放慢
夜是一条河，一头抻长的怪兽，
黑洞洞的巨口，露着一百颗蛇牙。
你吓坏了，你安抚它
用一根骨头、一只手
或另一个恋人——
无所谓了。不管怎么说，不出多久
你俩就会合成
一体。

图片14：林中仙子

黄昏时，她在林木中现身
树木深深地陷入幽影的精髓
它们的轮廓还留有一半物性，碧绿如心。

她在自己身体里筑巢，深浸在体内的水中
她的枝干是影子手臂，在黑暗里生根。

暮色早已灰暗，眼睛也是这样。
她慢慢地沉下去
大腿上有水的冰凉……黑土……腐叶
闪烁的光在树叶里穿行，那是
眼睛。饥饿。

你的脚下沉并撑开，你的肚脐湿润、冰冷
你的脸沙沙地响。

根须就是枝干，摸索着，找寻一张脸……

图片15：书桌

我不在该在的世界之中。真的。
一切都是眼睛……众人、墙壁，
即使已经闭上，也都如此陌生，直瞪着
我那冒着毫无元气的
荧荧绿光的陌生面孔。
台灯朝着书页吠叫，
而书页正陷入书桌，
一边脸颊在眼睛下面抽搐，躁动，
烟灰缸里散落着骨头和灰烬。

这支背信弃义的笔，它的运动
斜向一侧
刮擦着城市
就像一只螃蟹
并继续向前，十分开心
切入世界之中
一直延伸到页边
和以外的地方——
这运动并不来自于我。它该死。根本就不应该出生。

我在作力所能及的修补。对，这会很疼。
别看，也别去碰这缝合伤口的针脚；
继续向前
行走于字里行间。你会在那里找到该找的诗。

这是创世的第八天，
画笔燃烧的线条横亘于广阔的
灰蓝天空，被云彩吞没。

我们的灵魂奋力奔向那片火
就像美丽的昆虫
而一架飞机径直向前，拉出一条细线。
它在高远处飞过，
对天上的灾祸无动于衷。

黎明时分，在云彩的灯罩下
造化这位画家在薄光里蘸蘸笔
让宁静的秋天被无声地牵进梧桐的树梢
并在瀑布般的木藤蓼之间
让树顶的颜色渐渐与一片片屋顶相融。

空气中没有一点思绪，充塞着睡梦；
可见的事物，没有名字。
在一片片四处游荡的世界之间，这个世界
慢慢地在我眼中
四处浮现。

迷宫

在大宅中

一

在大宅中 / 在无数房间组成的迷宫 / 最深处 / 她坐在自己床上 / 陷入沉思。/ 她想起来了吗？

屋外 / 来自另一个地方的景观 / 涌进来。/ 绿色山坡。/ 绵羊。/ 被长长的黏土墙环绕的 / 小土房。/ 这一切在哪儿？ / 这曾是*她的*生活吗？ / 此刻更加努力地 / 回想她自己的生活 / 她看见自己 / 在阳光里 / 村里的小溪边上 / 玩耍。/ 树叶、水流、面庞的形象飞闪而过；/ 母亲？

现在，可以肯定 / 她是独自一人。/ 这里只有床和卫兵。/ 空白的墙面。/ 她能贿赂他吗？ / 她没什么可以交易 / 除了她的身体 / 但这身体属于 / 统治者，/ 那个谁都不能违抗的人 / 那个冒死都不可违抗的人。/ 那么*他*想从她身上得到什么？ / 他甚至没有形体。/ 他是电击的疼痛 / 把她劈开，穿过她的肠胃和头颅 / 熟悉了她，/ 而她的每一个细胞和想法 / 在他的一阵阵触碰下 / 仿佛痛苦的琴弦被拨动。

穿过无尽的曲廊 / 她是否已经 / 和卫兵一起逃离? / 她是否已经找到 / 穿过幻影的迷宫的 / 那条路? / 她记不起 / *她*是否就是那个女人, / 这一切是否 / 就发生在 / 这大宅的 / 最深处。

安全

她曾是酒吧歌女 / 一直在被占领的城市里 / 卖唱 / 独自一人 / 没有任何保护 / 除了 / 他的欲望。/ 现在她最后一次 / 坐着 / 呆望着她狭窄化妆间里的椭圆镜子 / 她的身体在这里 / 第一次屈服于他的享乐 / 为了食物和安全。/ 后来 / 她学会去爱 / 他英俊的 / 冷漠的面庞 / 他的纳粹制服 / 甚至是 / 他明澈、冰凉的触摸。

得知她怀孕后 / 他 / 可憎地嘟囔着 / 抱怨"这个讹人的淫妇"。

她 / 即刻赶来 / 狂喜不已 / 因为生命的充盈 / 而获得了意义, / 随着体内的 / 双重心跳 / 踏着布达佩斯灰暗的街面走来。/ 但他就是不听。/ 逼迫她 / 去做流产 / 还付了钱 / 并一直监督。

虽然她想留住孩子 / 如此渴望获得 / 这个爱的象征 / 获得关爱和抚育 / 一个真实生命的 / 奢侈享受。/ 可谁敢 / 违抗他？ / 是的，她怕极了——

但只有等到后来 / 回到家中 / 疼痛，且失去了 / 生与死 / 她心里才不再有恐惧或希望 / 让她不再觊觎 / 可以让她关爱的 / 任何生命。

二

祭坛

他们只喂了她一汤匙 / 她便进入了 / 神圣的领域；/ 这女神不是 / 人妻 / 却是每个男人的女人。/ 她不会知道有多少 / 没有面孔的朝圣者 / 来来去去。 / 她从神庙的天花板往下 / 注视自己的身体，/ 看着它扭动 / 所有神经末梢充满电 / 油膏 / 汗水 / 让她黑色的皮肤闪亮。/ 一切思考停止 / 她的灵魂旋转 / 被激越的快感 / 充盈 / 吞噬。

她还只是个小女孩的时候 / 就被从众人里挑选出来 / 由祭司教导和培训：/ 这身体 / 就是祭坛。

笼子

在喜马拉雅山脚 / 大约三千年后 / 她成为一个机敏的年轻男人 / 有一个眼睛明亮、吃苦耐劳的妻子 / 两个儿子 / 和一个女儿。/ 二十多岁的时候 / 他在山坡上 / 用木头和柳条 / 把自己编进 / 一个笼子，就像蚕茧。/ 他从此不再说话/ 所以谁也不知道这是为什么。/ 既然他已经成为圣者 / 人们只是每天前来 / 默默地献上一些米饭 / 以求赐福。/ 他的妻子 / 也每天

都来 / 年复一年 / 直到她彻底失去希望 / 成为一个 / 神圣的活死人的 / 孀妇，渐渐枯萎。

三十多年 / 他一直禁绝 / 一切舒适与享乐，/ 斋戒 / 冥修 / 但却无法获得自由。/ 最终，某一天 / 当他俯视远处 / 下面那个小小的 / 木头笼子里 / 他瘦骨嶙峋的身体，/ 他看到更远处的妻子 / 沿着蜿蜒的小径独自攀爬 / 而当他最终离开的时候 / 他听到 / 自己无声的呐喊 / 充塞了身后的山谷。

三　　眼睛

公元前四世纪 / 他是新任卫队长，/ 靴子、宝剑、头盔一应俱全。/ 他是长官 / 她在 / 微笑。/ 啊，圣殿卫士！ / 他们在认真站岗！ / 但从没看到 / 年轻的女祭司 / 在神殿的深处 / 在她守护的 / 永恒之火里 / 燃烧。/ 然而她，/ 神圣的处女，/ 正在燃烧并看见：/ 他。/ 那是多么甜蜜 / 狂野 / 甚至更加甜蜜 / 亵渎神明的甜蜜 / 是的！

当事情败露 / ——是那个卖小神像的老妇 / （命运如此弄人！）—— / 她让一帮暴众相信 / 女孩被人粗暴地 / 占有、亵渎、夺去童贞。/ 是啊 / 可她又有什么办法？ / 他满身能量 / 全副武装 / 被众神一把推进 / 她燃烧的 / 肉体。/ 她的大腿仍在 / 颤抖。/ 但是此刻 / 在这永恒的瞬间里 / 他也罪有应得地 / 在神圣的火焰中 / 在苦乐一体的火焰中 / 燃烧，/ 在她毫不松弛的怀抱里 / 像一只浑身是火的蛾子。/ 后来 / 他十分缓慢地 / 在城市广场燃烧 / 被那些眼睛重重包围 / 浑身扎满 / 白热的针；/ 但就在那儿，在那些人当中 / 他瞬间 / 看到她的双眼。/ 他双臂上站满蝴蝶，/ 腿上爬满火蚁，/ 他眼看着这一切，目瞪口

呆 / 他无比真实地在场 / 并获得启示：/ 一个堕落的情人 / 一个神，一个罪人，/ 背负着一切恶行与命运的 / 罪责。

海浪

后来 / 八十多年以后 / 他们回来了。/ 在偏远的安纳托利亚海滩上 / 一个遍地泥泞的小村庄 / 那里的人们 / 很少开口—— / 是她母亲 / 发现她怀孕了。

清晨 / 深红的天空 / 海浪涌进来，/ 又一个太阳升起；/ 她只有十五岁 / 可法律超越了时间 / 而且现在不再有 / 时间。

并且他也在那儿 / 非常靠近，/ 在灰色的空气中 / 仍然围绕 / 装在她体内的 / 他那胎儿的身体 / 盘旋着 / ——当他们用棍子猛击她的腹部 / 他最终 / 彻底地 / 进到她的体内。

现在他听见世界—— / 无尽的海螺声 / 海浪涌进来—— / 他就在那儿，/ 当一切都真正 / 完结，/ 他再次盘旋于 / 她流血的尸体之上，/ 在她两腿之间 / 他那血淋淋的婴儿身体之上。

四　圈

他的头发扎成马尾 / 他高耸的颧骨微微泛光 / 在共同冥思的 / 无尽永世中 / 他一直坐在他们的圈内 / 和他们一起 / 抒发各自的意愿。/ 封在圈内的 / 区域上方 / 已经笼罩着 / 炽烈的意愿，/ 一个可以触摸的能量穹顶 / 在他们头顶聚起 / 正显现为物质：/ 一个隆起的世界，/ 一座十足的监狱 / 光芒四射、坚不可摧。

游戏

他在飞翔 / 色彩鲜艳 / 轻盈纤巧 / 踩着优雅的旋转舞步 / 并俯身跃入 / 群星之间：/ 这脑海里的动作 / 瞬间 / 变成现实 / 多么自如！

“真美丽啊” / 他正想着 / 突然 / 有个东西 / 有个人 / 用一束光 / 击中了他，/ 在星星的 / 另一场游戏中 / 把他击落。 /“只是为了好玩吧！”/ 他一边痛苦地想着 / 一边从他脑海里的 / 群星之间 / 像只苍蝇般跌落。

家

这座房屋再次被建起
朝东、朝西，朝左、朝右
人走进来站在那儿：
一位神面对着他新的内里。

是谁发了话让这一切发生？
是谁赋予石头意义？
是谁在无垠的天空嵌进一个名字？
他缺什么？他想要什么？

无脸的黑夜用它的双翅盖住
鱼在钩上的痉挛。

迷宫

在这相互交叉的 / 小径旁边 / 灌丛疯长、繁密 / 蕨类植物 / 爬过 / 它们愈加浓黑的影子。/ 他在这儿慢慢地 / 行走 / 看到那些花掩映在绿叶中 / 微微泛出白色 / 羞怯而娇弱 / 明澈的美，召唤着他的灵魂。/ 他盯着花儿，陶醉了，因柔情而变得脆弱 / 被它们的形状抚摸 / 也用他的凝视抚摸它们 / 这时他忽然想起 / 他应该在这里找到某个东西 / 在更远的地方，在这个迷宫的中心 / 在那儿他会得知 / 他人生的使命 / 是什么。

他不情愿地加快步伐 / 绕过一道道弯拐，/ 抗拒着身边美丽的呼唤；/ 此刻他走得的确很快 / 然后迈开步子跑起来 / ——没有退路 / 不能回头—— / 跑啊跑 / 可没用几分钟 / 他就已抵达 / 中心。

在那里 / 地上 / 有一朵无瑕的白花，/ 形状酷似 / 灌丛里的那些花朵 / 但更大、更丰满 / 花瓣也更多 / 还有一个垫子一样的花心 / 它活力四射 / 变幻着色调和外形。/ 他盘腿坐下 / 想要读懂它的含义：/ 是啊，这花儿很美 / 但并不胜过其他花朵 / 而且它有些夸张 /

不那么自然、真实。/ 他盯着它 / 这边看看 / 那边看看 / 前后左右地打量 / 然后依旧盘着腿 / 在它上空盘旋 / 但依旧十分困惑。

过了一会儿 / 他意识到 / 这迷宫的中心 / 可能还在向前几步的地方 / 还要转过下一个弯，他想着 / 继续往前走 / 看到 / 一个黑色洞口，那是小径上的一个凹坑 / 于是他让自己 / 掉下去，/ 有些无所谓 / 但仍然希望 / 这个过程结束 / 他永远地 / 跌落 / 并不挪动分毫。/ 永久地 / 跌落 / 直到最后跌进 / 地表之下 / 一个巨大的洞穴之中 / 山洞那么大，里面有 / 山峦和灌丛，/ 上面更有属于此地的一片天空 / 和奇异、隐匿的生物，/ 在这其中 / 他看到 / 那同一朵花 / 变幻着色调 / 腐烂 / 然后又重新 / 焕发光彩，吐出气息。

他发现自己回到了 / 刚刚才离开的 / 同一个地点 / 他万分懊悔 / 希望 / 自己仍留在出发的地方：/ 那里的花儿在灌木中开放 / 四周一片宁静 / 他充满了意义和存在，/ 享受这一切 / 别无他求。/ 他渴望 / 离开 / 这迷宫 / 而当这朵花 / 在他寡欢的注视下皱缩 / 合拢、打开，/ 他凑得更近 / 直盯着那朵花 / 当他的目光落在花上 / 花儿如一片叶子般枯萎 / 他意识到自己正在看着 / 自己的手掌 / 一开，一合。

老歌

即使最淡然的分手也包含着悲伤。
我们的过去和所见的一切都已过去，
从我们的眼中坠落并消失
在我们胸口堆成又一个秋天。

即使最淡然的分手也包含着悲伤
但当一对情侣各走一方
心在烧但燃不尽，连根拔起但根不断，
无法承受的重量。

即使我们曾一起在路边共享一棵树的阴凉，
我们的生命也如同阴影般逝去；
即使我们曾共享一幕落日的欢愉
我们的太阳也已随它落入
　　　　　　　　一片黑暗的海域。

暮色包裹一切，风停住了呼吸；
但是，在渐暗的灯火那边，
当他们已经圈住了自己的天空，我们的眼睛
将又一次在雾罩之下睁开：

灵魂依旧吹拂过森林，
影子仍驻留在叶丛中，
而在没有终结的日落里，
我们的离别将历经爱的永恒。

在神庙旁

在神庙旁 / 阿萨德在乞讨面包 / 阿卜杜拉在乞讨钱。附近 / 在售卖香烛和坠扣的 / 摊位之间 / 穆斯塔法在乞讨星星 / 伊萨在乞讨爱 / 他们乞讨的碗 / 伸向前面 / 大张着口。

曼苏尔在向每一个路人 / 乞讨真实 / 加拉尔乞讨自由 / 奥马尔乞讨生命。

那么他呢？ / 他在乞讨空无 / 但谁也不向他施舍。

他行乞的碗装满 / 轻瞥和凝视的目光 / 意念中的施舍 / 词语的施舍 / 空气，火，土地，/ 王国 / 不死灵药 / 拯救。

他把行乞的碗翻过来 / 倒空。 / 但碗里还是装得很满。

“亲爱的自我，”他在碗上写道 / 又在碗里斟满酒 / 一口饮尽，

啊，这碗不是空的！

他一下 / 把碗砸成 / 一地碎片 / 但此刻似乎这碗 / 更加盈满， / 内容增加了数倍。

在神庙旁 / 在阿萨德行乞的肉体边 / 穆斯塔法行乞的卵石旁 / 奥马尔行乞的墙壁一侧

在他身边 / 在他与神庙旁边 / 没有

神庙。

虚空

终于是虚空
世界的翅膀上
不剩一片羽毛。

诗

这首诗将属于另一个世纪，那个世纪与你我的世纪没有两样。
这首诗会安稳地藏在成堆的词里，直到

在沙漏最后的几粒沙子之间，
就像瓶子里的帆船，最终被看见。这首诗

将要谈论纯真。而且那些仿佛被世事抛在空中的
普通人，就像晚到的诸神，

也将聆听它，而不需要原本就不存在的理由，
他们会像蛇一样，从一堆杂物之间

挺起脊背，而且不需要从任何其他地方
匆匆赶来，并且它不会有一个

与开头不同的结尾。它不会富有
也不会贫穷。不会再费心去信守承诺

不需将言词付诸行动
不会贬低自己，或是到处自吹自擂。

女人啊，如果这首诗对你说话，它不会叫你
缪斯宝贝儿，不会像它的祖先那样跟你睡觉；

男人啊，如果它对你说话，它不会下跪或是
杀戮，不会涂脂抹粉
不会脱掉自己的词语或血肉，因为它没有，
没有——

什么？或许现在我将召唤它，这个时代的
劣诗，它健康得生了病，几乎走不动路

在当代思想黏稠的潮流中，拖着两条腿，缓
慢向前
或是被拦下来检查证件，并被人用算盘

清点它的零碎。存货单：花和订书针，
尸体（没错，别担心），钢化杯。订书针之下，

还有蝴蝶和很多脚印，以及其他钩子和书
架——
用来放置学术论辩的交锋，同时也只是为了
无所事事，牙齿

碾着牙齿，带着变色龙混沌的笑容，而自从
它被变成一个寓言
它已不知道自己的本色。或是在不可理喻的
宁静中

在来回行走的游戏里碰一下别人的运气
而唯一的目标，只是为了获得——比方
　说——

一行诗那么长的丁点儿乐趣。给傍晚的蓝色
　天空
抹上橙色，又敷上一小片云彩。爬到

它身上，往下看：海中之海，沙中之沙。
或是手指。十只有关节的蠕虫

来回摆动，妙不可言。此刻它们拢住
一个球，球的曲线并不完整，但美妙而肉感，
　而且

你可以说出一个词（它是水果，它叫作
桃子）。这些词，它们的味道充满着

存在的味道，这味道里有一种用惊愕来伴随
　视觉的音调
而不是猛烈攻击思绪的喧闹。这首诗是这样的：

它面对事物歌唱，例如在海滩上粘住你脚心的柏油，
塑料瓶子，以及它自己的词语。它所看到的

只有白色之上的黑色，不论是通体透明还是布满颗粒。
它和你一样赤裸身体，穿得不比你多一分。必须借助这种精确性

但是除了一个荡妇的身体曲线、一盆仙客来
或是浴缸扶手上的一根毛发，这种精确性没有任何刻度。

这里的生灵不想知道。那里的生灵
只想要知道，他们此时有可能成为

这里的生灵，成为这种古迹，没有界限
没有你，只会说我、我。

午后的阳光里，一只狗躺在一级阶梯上
隐没在一群苍蝇之中。

你在这屏幕前撕咬、吞咽，实际上是在破译
一行一行的诗句，并把空格吐出来，仿佛它
们是

一条匈牙利语的音轨。我同意，因为你
同意：生活在四面墙之间，被它们覆盖

并进入一种胎儿的节奏：吃喝，加满油箱，
订购杂货，读诗，睡觉。再快些：

一部电视广告，视频剪辑，
一台微波炉，春宫片的观影间。再快些：

胶囊、输血、电极。再快些：
不要出生。你不存在，并且在这首诗以外

你没有存在。它不会开始，也不会结束在
一页、一句或是一个逗号之中。这个句号是
一个点

飘浮在无尽的空间里，只因为你拉远了对它
的注视。
看啊，它上面有云彩，蓝色暮空上的橙黄，

海中之海、沙中之沙，人们走着，
坐着，躺着，游泳，或是做爱。你自己选择

一个地点和时间。你在哪里？现在你已经找到一条路进入一个视角。或许你
想要出生？在这个*此地*，

*此刻*是按数字来呼叫的：一千九百九十五，
第一个二十二，

星期天中午十二点三十分。你来了真好。
明天我将写下让你居住的诗。就在这儿，这个家[1]

——仅属于你。它的位置、大小、颜色和家具
——你的视角，还有它的窗户；窗户朝向

这首诗的一个或几个家，置于它的外围、中心或头顶，
看到它的树路过，看到大海刚刚退去之后，显露出

① 希伯来文的“家”或“房子”一词也有“诗节”之意。

它的居住者、咖啡馆、飞碟、骑兵、大象，
　还有羊皮卷，
它们都闪烁在“有”和“没有”之间，在目
　光及其焦点之间，

在存在和我之间，在“这里”和它的名字（我，
我，更多的我：一盆仙客来，浴缸扶手上的

一根毛发等等）之间。所以，出去看看吧，
　这首
诗被交付给毫无意义的低语，它和我一无
　所有。

除了“我在”和“这里”之间的东西。（这不
　是最后的诗行，
我在这儿再写一行。）就现在——

三

过来坐下，看啊：房屋慢慢地回归各自的
位置。霜花点亮了窗玻璃。又是一天。

过来坐下。咖啡还是茶？糖，牛奶？事情就是
　这样：
带壳水煮蛋或者单面煎蛋。酸奶或者酸奶油。
　果酱或者蜂蜜。

这一生，有它不行
没它也不行：早晨或傍晚，男人或女人，

冷或热——过来坐下。还有什么新鲜事？海和沙
沉入彼此，而且没有救生员，也没有谁来打扰，

并且我看你手持遇难船只上漂来的杂物
可那儿甚至没有一条船，情况并不明确

我们俩都被嵌进同一个句子并带着它往前走，
各人都是为自己。过来坐下，

说：一个或许多。奴役或是自由。我
或者你。爱或者……你怎么可能知道。恐惧。

只有在健忘中，在我们没有一片海滩
或脚印的时候，词语有声音，也没有声音，

它们不去标记图片，而是标志在它们之间
洞开的那些已消失甚至未曾存在的东西。过来
　坐下。

番茄、黄瓜、青葱、奶油干酪，
几片莳萝籽面包、人造黄油、盐。

即使你说：等一下，你在做梦——即使我检查
我的位置和行动，又会有什么改变？

实际上我正坐在电脑面前。实际上
从一开始，这一切都是我做的，包括每一件事。
　实际上

你正坐在一页纸面前，你渴望触摸……
和我一样。实际上此刻你从内向外

触摸，吞噬那个不停地从你体内
溢出的世界：晨空之蓝上的橙黄，霜花

在窗玻璃上燃烧，一杯茶——无论你
选择什么，无论有什么呈现在那里。所以就这样，

现在也作出选择吧：例如我
一份早餐，又一天。在这里。

四处摸索的卷须/相互盘绕。

四

走回头路已经太晚，要停止我们所谈论
并因此存在的这类行为，又太危险。

别客气。一杯烈酒、一支烟、一台电视
或是你想要的任何不在场证明（如果你不介意，我将

继续书写：一条大腿的内侧，嘴唇的质感，一只手掌
满满地握住一种球面的现实，中间是一个乳头）。诚然，

这首诗复述着无法复述的事物
并且，就像从沙漠中的一道门走出来，离开的时候

必然在门外与它相遇。看啊，马路和人行道
空港和海港，通信卫星。看啊，从“这里”

看到的外太空；在这样一首诗当中，那是
一个关系问题，正如一切其他事物

而且不止如此，每一个“那里”早已经具备。窗户
朝窗户洞开，而记忆——

吞噬整个房间：海滩和棕榈，有她如男孩般
　的身体
俯在笔记本上，头偏着，柔顺的黑发垂下

覆盖着宇宙。嘴唇、大腿内侧、含苞的
乳房，日本式的鼻子、臀部。

说出并且就是这个安排的人，没有恐惧，或
　者至少
比较健忘，而每一刻他的目光都在他注视的
　事物之上打苞。

现在我要把它写下来：我要让它逐字消失
不要太当回事；并且每一行都会开始、结束

就像一只苍蝇落在挂满镜子的房间里。再来
　一次：
海之海，沙之沙。观看并创造它们，

暂时在游移不定的边界内留住它们，
把它们固定在字母中，就像有序的喊叫

说出现在没有、过去没有、将来没有的东西，
此外不需再费心。现在放手吧。再一次——

当他知道自己在爬行，蜕皮便自动发生。

五

握住一个世界。一支烟、一个杯子、嘴唇、
你四肢压在木头椅座上的重量、我的脸、你的脸

人行道上的秋叶、一个午餐袋、一股温热的气味
以及在白天被关掉之前将你掩盖的双手。

现在暂时：不要抓握。放手。让它们扩展
并布置你的体内，而不需要充当整个世界，

不需要把绿色抹在叶子上，或是抹在
记忆中海边的那棵棕榈树上（那个

俯在笔记本上的、男孩般的身体旁边）。
让叶子与人行道混在一起，在那儿停留，

完全不再是“叶子”，不是“一支烟”、“一个杯子”、
“嘴唇”。像内心的激动在你体内扩展，

像沙滩边的海。一旦它们变成这样，在你体内，
就把它们关闭又打开。关闭，打开，

关一开，关一开。好了
以同样的方式对待那个以你为“你”、以你为

万物之一的世界。看着它在身体的空旷中
航行，关闭—打开—关闭，并看看

你是用什么做成的。这一切只是
故事中的寓意。我们将继续以二进制的节奏
　闪烁

继续对发问的人，例如你我这类人，
保持缄默。我们为什么不再制造一个新的
　寓言：

在这儿，我们创造了这个外部世界。蓝色之
　上的
这抹橙黄；这“侮辱”，这“希望”，在你我
　之间

在“有”和“没有”之间，在这个
和那个之间颤动的东西。让我们呼叫它。

攀爬。（所爆发的会产生触碰。）

六

你说：被渗透，去渗透。海—沙，沙—海
彼此在中心交界。词语在我们之间掉落

仿佛被打碎的东西。听着，我爱你。
但是你，就是要按自己的方式，存在，存在，
　存在。

他者夫妇[①]，虽然没有报酬，可是
你们依旧沿着街道漫步，仿佛

你们只是一个名字而且没有肚脐。我
模仿你们的行为，重复着

你们重复的动作。告诉我，倒影——
我朝你再扔一个石头——有人比我更真实吗？

我说沙—海，海—沙。就像打碎的
某种东西：脸、腿和手化作无数，就像已经

① Mr. and Mrs. Other

存在的某种东西。所以：够了。回到我身边吧。
　我会放你走
多少次都行。

现在我们已经没有什么区别，除了这首
　诗——
里面居住着某种世界。另一种可能性，

并非真的不同——在这儿，你根本没有离去。
你片刻没有停下走来的脚步。我打开

一面镜子，并在已经写好的东西前面翻动它的
页面。这就是你：衬着夜空之蓝的悲伤，

愤怒，羞辱，一种渴望从你的胸口吸走了蓝
或者衬着那夜空的蓝突然喷涌而出的幸福；

这是一个声音，伴随着举目张望的我
此刻看到或者没看到的东西。我看见你：

世界接着世界，此刻接着此刻，一个
接着一个。这首诗跌跌绊绊，从一页转到另
　一页，

你在其中张望，并在它的字母和字母之间闪烁
又消失，你存在于这些显然很寂静的每一厘
　米之中，

你没有停下走来的脚步，却又没有真正走来。
　所以够了，求求你，
不要四处躲藏，请所有的你同时和我说话。

我坐在这里，在公园的长椅上晒太阳。
我旁边坐着一个老太太，因为这是一个公园。
身体

只要求回到开始，回到第一场表演
那表演的微缩版本，你已经看过一遍又一遍。

然后，你还记得，那阳光让我们哭泣，而世界就是中心，
就像一个地下终点站。那之后只有

支支吾吾的解释，被重复的渴望逼疯的诗歌，
被误解的道歉，还有

于事无补的通信。人很快就疲倦了，并冲向那些
已经确信自己存在的人。就像你和我

他们相信习惯而不假思索，每天早晨
把它像蛇皮一样穿在身上。我问候他们，

跟他们握手（“你好！”），我们带着同样的
　痛苦
朝上或朝下彼此望望。大致相同的一件事情

写在书中，虽然书中的时间有所不同——它
　长满牙齿，
啃咬这个时间的脊背，并在那个世界里把世
　界穿在身上。

也有些事物完全没有时间：风中的格子裙，
手指或阳光下的皮肤，愈合并消失的伤口，

紫色的石楠木纽扣，把窗户切成两半的
一根电线，在清晨里飘动的一幅窗帘

或是高高的草丛中的一个藏身之处——
这些东西教会了我一些人人都知道的东西。
　你完全

可以无视它，拉长脸说：“你好吗？”
“狗娘养的！”“我认为……”之类，但时间
　因为

被追赶而存在：沿着一条杂草未除的小径，
房屋
变成后院，变成变秃的草坪和晾衣绳上的
胸罩，

通过幻想能看到的东西，之前叫作梦境，此刻
充斥着似曾相识之感。走出房子的路

穿过一堆堆废弃的存在的影像，乞讨脸的人
从中伸出的无数手臂，伸到你面前，发出

渐渐微弱的号叫：看我啊，看我啊，相信我，
我是你曾经深爱的儿子，把我带回你身边——

并得到救赎。我愚蠢地和他们哭作一堆，哭泣
而且不回头，不回头。晚上

它们向你的其他面孔致意：更加饥饿。你合上
字典，里面的“生活”只有复数[1]，打开一
本书，

① 表示“生活”、“生命”的词语在希伯来语中是一个复数概念，只能从上下文推断其所指是“生活”还是“生命”。

一台冰箱，一个瓶子，一台电视。但不管怎样
它们都在这里，从冷冻层里出来，就像精灵
从瓶子里钻出

并跳到屏幕里。你闭上眼，放手。随它们
摆布。
舞台已经被照亮，幕布一道道（或者不如说

一层层）升起，眼睛与声音的密林，你的身
体在你面前
莫名地出现，从胃里滚出来，除它之外

没给你留下一个*我*。你沿着石阶走到河边，
脱得一丝不挂，仍然跳着舞。两个棕色皮肤
的青年

朝水牛泼水，直到它认输并沉下水面。一只
鹰俯冲进
一棵榕树的倒影，撞进似乎是某个渔夫

设下的网里；外面，一辆停着的轿车发出警
报声，忽高忽低。
你摆脱毯子的缠绕；体内仍然充满着眼睛，
你站起身

拖着脚走进淋浴间，就像反复出现的梦。早
上好，
我说，并慢慢地、慢慢地把你从镜子里

拉到毛巾前，毛巾进一步把你带进
这个身体内，并给你戴上一张脸。你

开始使用上颚、舌头、喉咙、嘴唇，并从那
儿脱身出来
一个嘶哑的声音测试空气：“我——”

这张脸已不再只是一张嘴。

八

嘿！当我的凝视在词语之后或者之间
再徘徊片刻，而它们还没有和世界

分开，并且只有欲望站在开始和结束之间，
居于在内部和不在内部的事物之间，我跟这
　首诗

有什么关系？——既然这首诗没有主语，就像
你或我，

既然这首诗没有主语，只有一个谓语，
并且其余一切并不比你注视太阳之后

留在眼前的光斑更真切，只有运动
是这里的主语；这首诗全靠它支撑。似乎所
　有其他东西

都来自于对空间的印象；似乎由运动的飞行
所标示：从这里看是一棵树，从这里往前

是一棵树的气味，从这里看，树根不再是土
　壤。一直到这里
一片树叶（一个被细细分隔的绿色表面，边
　缘参差，有一两点

棕色的瑕疵）；再来一行——这是叶柄——
不久又是一根树枝。里面有水，外面也有水

它们的名字是“湖”或者“雨”。外面有光，
  叫作“白天”；
在里面它是另一种东西，和光合作用相关，
  在后面

则是“影子”。这很妙，因为人们可以说：“这
  是一棵橡树”，
“这是我的邻居米歇尔”，以及更多：

“嗨，我想念你”“去死吧！”“这段时间
你究竟到哪里去了？”但是一棵树并不会

生长或枯萎，除非是循着这个世界生长或枯
  萎的方式——
它甚至在世界的物品清单中被登记为“树”。

因此让我们把距离保留为距离：你我之间的手，
是没有外表的太一的记忆和健忘。

吮乳的嘴就是号叫着要吃奶的嘴。

九

不论你朝哪里看它都在这儿。“这首诗”正在回家
从每一个地方到每一个地方，而且没有一个地方可以摆脱它——

它乘着汹涌的水流穿越大片陆地，顺着空气爬上永无止境的天空，
忘记你的脸长什么样子，直到它突然像记忆一样

从所看到的事物中浮现。你坐在里面，在很早、很早的早晨，
并且不由得透过雾气望见

一棵无花果树在老水窖里生长
草长得很高而且湿润，依旧轮廓分明，依旧在触摸之下显得翠绿。

然而，当树皮触碰我的面颊，而且它没有可
　见的开始，
我能对一棵树说什么？这一整段交谈

是没有名称的一个词，淡去、连续、存留：
你在哪里结束，又在哪里开始，并一次次地

更新？它在哪里发生？它曾在哪里发生？
为什么会痛？是什么东西让人痛？最终，

是什么把脸孔带回给我们？
羊在水窖上方啃咬、咀嚼。阳光检查了叶面。
　时间

再次变得遥远。再一次，“这首诗……”没有，
空无一物。

在水中他是一朵海葵，一只伸出花儿般手臂的食肉动物。

十

然而我们就在这里，装配着一切。脚
脊背、二头肌、眼睛、耳朵、鼻子、舌头和
皮肤。我们在这里：

面孔和内里、邻居、城市和国家。我们在这里，
呼吸着，活着。人们从这当中了解到什么？

有人说活着*就是*无视另一种选择而继续坚持；
有人则说是征服；有人在生命

及其缺场之间画上一个等号；有人说我们
被赋予生命的目的是去服务那些活着

却没有真正生活的人。我说：你。
这很好解释：黑夜再一次笼罩

能见的事物。灯在家里点亮。在亮光中没有
扫视的目光
除了镜子里透出的一瞥，除了看到我看见它的

那个东西；它带来的不是解脱而是渴望，不
是死亡
而是生命。当夜晚笼罩一切，我从温暖和寒
冷中有所获取

我渴望那个通过触摸看到我的人，
而我什么都不记得。只有这个。

在这粗粝、光亮的沙上，他明白了。

十一

你说：蛇。我说毒蛇。
然后你说蛇曾经一直是医学、智慧

和长寿的象征。是蛇而非毒蛇，是你而非一
　只咬人的爬行动物，
在主街上空飞翔，优雅地落在一棵樱桃树上

唱啊唱，就像夜莺在求偶，如此自我、如此
　美丽：
电话爆响，如同一条小巷的尽头的嚎叫

传真机呕出其他人的灵魂
电脑处于存储模式，但那儿没有救生员：

它再次开始，只是开始。
它早已存在。

这不是作为诗的那首诗，正如它不是献给你
　的那首；
我把这首诗搁在我选择的任意一张面孔上，

我并不是在等待一个回答，不是在等待你
“真实地”迎接我冲着前方的手指——真实，
　向你致敬！——

那就像一个女孩跨在想象力的背上，像马背
　上的骑手
骑着“纯粹的形象”奔驰，这形象无处不在

而且不论你奔向何方，它都存在，紧随着你。
当一个人游离对这个东西的知觉而抵达对那
　个东西的知觉，

这事情已经十分清楚；当你我对横在我们与
　那里的形象之间的
这里的形象达成高度一致，这事情

便稍微有些不够明确。例如，“觉醒”
是不是一个事物？（坠落是不是到达？）这
　首诗，

就像这个世界，像一个反复出现的梦，不会
从睡梦或是黑夜中
走来，抵达“世界”或是白天，

反之亦然。这首诗说它的所在是“黄昏”，
那么它已经在黄昏之中，而不需要

太阳或者日落。一张意识的图片出现
像一只鸡仔，来自一枚充满温暖生机的鸡蛋：
*那里*有惊喜

并因此存在；意识的图片孵化出来，这就是
在此者存在的方式。
我只是在描述我所看到或听到的东西——

一幅图接着一幅图，仿佛存在也会排队；一
群鸥鸟
在海上形成的白色瑕斑，被崩泄而下的海水

冲刷出一道道刮痕的沙丘。
这是一种日常行为，叉子及其刺穿的东西

便是这样造就的，我也是这样。说话，于是
　我将存在。
在房间里四处走动却什么也不看，什么也不
　去回忆，

寻找一只烟灰缸。这一切都已写下来。现在
　轮到你。
现在这首诗和你有什么区别？

他关上门。

十二

你会来吗？我会很高兴见到你吗？这道门
会成为大门吗？这三把火还会迎接你的面孔吗？

它们的名字依旧那么露骨吗？心之火、
头之火、两腿间的火。现在你的脸

是不是燃起这些火焰的木柴？你的脸此刻是不是
和它们一样不朽？这些“永恒之火”会不会一直燃烧？

蝴蝶没有被烧尽吗？火会不会这样燃烧，
就像呼吸，就像消化面包的

胃中之火？你坐在我面前我会看到你吗？
我亲爱的，我的情人，我的问号！从地平线到地平线

一个“那边”占据了我的胃。这条没有方向的路
从哪里开始？这根全是线头的细绳

哪里是它的头？即使我不走那条路，谁还
　在走？
除了两道足弓和它们之间的一个凹口，除了
　隐入锁骨的

一道斜坡，这是一种什么暗号，居然
从胸口释放出一声长啸："来啊！"——"别
　来！"？

又一行字从这首诗中升起，去触碰这形象，
但你也不在那儿。我们彼此并不认识。此刻

我们暂不蔑视幸福。但什么是幸福？一团平
　静的祭祀之火
上面放着我们的面孔，来自我们腹腔和胸腔的

温暖开始溢出。现在你只记得
"外面的黑暗，冰冷刺骨"。但之后——

就会很热。烟雾升腾，有东西烧焦了，如果
　我们继续，我们就会被烧化。
而实际上，隔着一段距离，我们在流汗

但不是因为兴奋。我们摇动手里的一张报纸，
一封信，
制造一股凉风并打开一扇窗户，把黑夜里

寒冷的空气吸进来。但是已经晚了。有人
得要回家，在“来啊！”的背后藏着“别来！”
我们

再一次明白：你不来的时候随时可以来。明
天有可能
在沙中看到痛苦，而沙上印着归来的足迹。

而实际上，我关上门又打开墙，
并且我在门上写道：别从这里来，一定要从
那里来。

十三

当你来的时候，请记住这事，记住我们是怎么来到这里的：
在一闪即逝的多弯赛道上，活跃的阿尔法-贝塔

落后了好几英里，片刻间又
忽闪了一下，从镜子里消失。阿尔法-罗密欧赛车所能说的

在我们听到之前就被吞咽了：只有我们这种能力，能够瓦解，
防止我们向上跌落，并被架空；这之后

是天空中的一声闷响。我们在驾驶时间；本可以再赶超
一千次撞击，等待着闪耀的蓝光从后面接近，

在被要求出示驾驶证之前，立即从车里出来：你想要什么？
你想要干什么？你在想什么？你差点送了命。

同样的问题也可能对一个女人或者一首诗、
一张面孔提出来。但是没有圆满的答案，

没有，除了彻底的外在性——如果有这种东西的话。
要不是有了备受质疑并因此更加真实存在着的*这里*

*那里*又怎么会如此诱人？
——而且这还不够。当你来到*这里*的时候请记住这事，

坐在我面前并直接跌落到你自己的眼中；深远地跌落
以便留出空间

让我也跌落。总是可以在路边停下：
词语、借口、火花塞、橡皮垫圈——

把这叫作“误解”——在车道边对闪现在眼角里的
任何一个黑斑眨眼：来吧，我在这里。

十四

你可以轻易地和我一起背叛我。试试吧，我甚至不会去计较。
——你不会。现在有必要长时间向你献殷勤，

在桌上放花，在餐桌上
留字条，请你吃鱼肉晚餐，

用杜松子酒兑汤力水（大杯的）浇灌你。
你一连许多天大睁着眼睛四处走动

或是玩一个球或者泰迪熊，仿佛它们是这世界
仅有的东西。这一切发生的时候，报纸上充斥着可怕的

新闻。有人在直播新闻上朝自己脑袋开枪
同样的事情上周也发生在《豪门恩怨》。

这记忆像一位疲惫的渔夫那样工作；鳄鱼、鲨鱼
甚至沙丁鱼都在抢食鱼饵

就像在争夺一艘沉船的几块浮木。这一切发生的时候
你正坐在起居室里：你害怕什么？我把手伸给你

带你到海边。海上是狂风暴雨，就像
二十八年前，当一条迷途的鲨鱼在这里咬了

一个散发着血腥味的女人。你继续
玩泰迪熊和球，始终不抬头看海一眼。

我拿出铅笔和纸，给你画一首诗：
海上是狂风暴雨，你的双脚沉陷，埋进

潮湿的沙、海草和盐的气味、绵延数英里的蓝
破碎的白条。现在你想起来了，

即便它从未像这样发生。你抬起凝视的双眼
并想起一切。

所以我甚至不看你而宁愿看着窗户。
映着黑色和灰色斑点的眼睛拉近焦距

发现一个生长物破裂的轮廓
它的核心既完整又无形。

仿佛一头大象干燥的皮肤，布满岛屿带，显
　得古老，
橄榄树将它的皱褶收拢在

影子陷落的古老曲线形成的凹陷之中，返
　回来
伸展成因太阳的触摸而粗糙不平的隆起。在
　那里

在一堆果皮上，一个婴儿俯向一只乳房——
一颗生锈的钉子。

在这之外，我不看，不思考。我怎么可能
思考在外面的暮色中转为银白的叶子，

怎能思考它们和我凝视的目光上方的天空？
现在，当你即将死去，我怎么能思索

无限与虚空？而当你即将死去，我怎能不想起你？怎么可能？
或许应该想一下我们那些

还没有出生的亲人，甚至想一下还活着的亲人？
认为甚至在这当中还有对你的念想，

甚至相信这一点？我是否可以如此坚强，
仅仅因为你把我弄成这个样子？因为你已经死了？明天

我会给你写几句话，一篇墓志铭或者至少一张字条——
某种有诗意的东西，例如“这里长眠着一位舞者”。

如果这样来埋葬你还不够，我肯定会写得更
　详细：
我将在大理石上刻写："浇灌我，

我渴了。不要用水浇灌我。浇灌我，
不要用清晰的逻辑。浇灌我，不要用一个名字。

浇灌我而不要用酒。浇灌我，别的什么都不要，
浇灌我。美丽不行，爱也不行，上帝也不行——

甚至这一生，或是任何一生一世，都不行。
　浇灌我，
我渴了。"

溺水时他呼吸着活水。

十六

我的纳西索斯，最终你适应了。你在脖颈两侧
冒出了鳃，你一直滑下去，手脚叉开

躺在芦苇茎和水流之间。回声成为一个波浪
倒影成为一个处所，你朝着水流的天际线

看啊看啊看啊。并再次
朝着我，一跃而起。

雷鸣复归平静，水面变回一块屏幕，
眼睛变回大理石。你回到我身体中。

回声变成一个声音，倒影变成一张脸
而你被释放出来。

过来
坐下。

十七

他想起来了。外界向内从他身上撕下来。

不再知道怎样把这首诗折叠回去。
这首诗是一道记忆：就像扫了太阳一眼之后

留在眼中的太阳，所以
有了这首诗，一行接着一行。一个男人

再次沿着楼梯爬上他二楼的公寓。
这个人是牵出下一句诗的钩子，他打开门

摸索着电源开关。之后走到冰箱前。
打开了瓶子，但并没有把它当作一则寓言

你说有事实，并且这一切并没有在这首诗中发生
而是发生在楼梯上和公寓里，在星期天的九点，

并且他就是你，并且你终究回来
去喂猫。你说，这首诗就像

扫了太阳一眼之后，留在扫过太阳的眼中的
太阳。我说这首诗并不遥远，就像

我们知道“这里有一只猫”“这里有词语”。
  这里
还有无数记忆的世界，要从此刻开始记住。

真的，我忘记提这只猫的事情；它从未
存在于这首诗中。好吧，这只猫在垃圾箱里
  狼吞虎咽

一个下午，然后只是因为同情这样一个男人
  的孤寂
而表现出胃口很好的样子。然而，毕竟

在这首诗中，闻到没吃完的鸡肉散发出香气
没有一只猫会无动于衷，也肯定会在诗行间
  发现这剩菜

即便这鸡肉在附近餐厅就要关门的时候
被严严实实地装进了塑料打包袋。

到现在，或许我们早就可以读这首诗
而不必打开书。现在，当这一切已经完结，

即便结束之后它也不会消亡。即便让它作为
尚未破解的文字刻在纪念碑上，曾在一阵亘古的二氧化碳飓风吹拂下

显露于火星的表面。
那并不比这行诗更遥远，而我在这里所能看见的

也只是你所看见的：斑点、图画
“这就是”的面孔；你走得越远，则来得越近。

一幅图接着一幅图，时间在整个大地上展开，然而
正午的海鸥再次把脖子伸进黑夜

那里充满了有关鱼的梦。一只自信的手在沙上画出这一切：
这首诗曾经属于另一个世纪，与在记忆中看到的时代

没什么两样。就像来自船上的瓶子，就像来自瓶中的妖怪，
就在沙漏的海滩上聚起的沙粒之间，这首诗

将纯粹因巧合而公开露面。将同时
在两片海滩上裸奔，毫无羞耻地

与每一个凹陷与凸起、未加注释的诅咒
以及它滑稽的祝福相爱，并且在聆听的时候：将会聆听。

不需知道什么可能，什么不可能，什么不是什么，
只会用一加一，用一减一，并得出

一乘一和二乘二个“我”（此外还能是谁？）的结果。
然后你将回家，打开门，摸索

电源开关。然后到冰箱前，打开瓶子——
而且你不会把它当作一则寓言，甚至一个例子。

关上镜子，看着灯，如一只蝴蝶
在另一面其中没有面孔的镜子里取暖，你在
　里面只看到

海中之海，沙中之沙，暮空之蓝上的一抹
　橙黄；
你在其中听到："过来，坐下。"

当你看到和听到的时候，你会愉快地住进这
　首诗，
和我一起去看浴缸扶手上的那根毛发、一盆
　仙客来

或者路过这里的任何存在者；你凝视的目光将
像一个赤裸的"我"落在冰凉的花盆的属性
　之中，

你的盆壁和盆底满满地承载着湿润泥土的
　重量，
而你的重量斜靠在地板上。或是坐在公园长
　椅上的老妇——

伴着沙沙作响的树，儿童说话的声音，母亲
　们的闲聊，
温热遍布你枯萎的四肢，在半梦半醒之间，

唤醒它们，让它们不需要借助词语而回想起
一次触摸、又一条长椅、又一个什么的时
　刻——种种思绪

穿过你，就像无一物天空里的云朵，它们的
　目的地
不得而知，而且它们没有明天。风要弄着你
　的头发

就像要弄树叶，儿童说话的声音和母亲的闲聊，
就像背景音乐。世界很大，前前后后

都被你看遍。石阶，一只鹰落进
一棵榕树的倒影，落进显然是一个渔夫

设下的网中。你再次留下一个光脚印
或是再次收起双翅，让你的身体坠落

穿过空气。或者仅仅是水的表面，
与树枝和绿叶嬉闹：你是一面活的镜子，一
　个世界——

没有身体，把又一只鹰、又一棵树裹进你的
　身体——你与这条河
一起摇荡。最后，当你被太阳灼伤的皮肤

在深及胸口的水中凉下来，你一把接一把地
将网拉到身边，你的肌肉随着它的重量伸缩，
　你的目光

从眼缝里透出来，观察柔软的银色脊背，
在相互交叉的细绳间，与它们一起颤抖。

然后你会说：这首诗的确存在。这首诗，
它的树、它的居住者、咖啡馆和飞碟、

骑兵、大象、羊皮卷——你的目光刚刚从上面
收回——这首诗只属于你，通过你的观看

而打开。嘿，看着我；在我体内看那有视力
　的东西；
嘿，你又写下了一行诗。

晨诗

黎明的灰暗，透出一道道光，

我窗户里的天空醒来了。

已在这里

早晨，世界

已在这里；

我们已经一起

到达起跑线，我们是

紧随时代脚步的孩子，

名字叫作我。

叶子从夜里

伸出来，成为

狂风咆哮的清晨。

从夜里

不要问

在书页之下的平面上做个记号。把它叫作书桌。
关于词语，不要问它们是怎样来到这里的。
看叶子的世界。把它叫作树。
一颗露珠在清晨的一片叶子上闪耀。
别问“是怎样”，而问“从哪里来”：
事物的样子就是眼睛的形状。

灰白

天空灰白，菩提树赤裸着。

手握着笔，眼睛握着它的所见。

白天慢慢打开，通向存在。

鸟语

鸟儿不知疲倦地称赞
清晨的美，它的演说
穿透了树枝的睡梦。

只有榕树的鬃毛会模糊
光明与黑暗的疆线，
只有心灵会模糊
存在与虚幻的边界。

花

花的爱神在我窗前振动着翅膀
借三角梅之口对我说：
你也无法逃离这万物的春天，
而浸没在琼浆里的我
再次为那只忙碌的蜜蜂绽放！

一个红色的纸灯笼挂在树枝间
上面画着黑色的龙。
一个倒影把我的窗户变成两扇
我在倒影里看到另一个我
在右手边的层层树叶中倚向他的书桌，
他正在写我的故事，而我就是他的替身，
被囚禁在这儿
一个封闭、坚实、无法穿透的倒影里
仿佛一只苍蝇被困在瓶中。
我们要不要交换位置？我向他提议，而他
沉浸在自己的世界里，幸福的绿叶丛中，
和蔼地瞥了我一眼，却只是用匆匆的线条
绘出我的囚笼世界。
我探身倚进窗户，我们就要触到彼此，
透过他薄纱般的身体，我的灵魂
尽力伸向他沐浴在影子、叶子
和薄光中的空灵的存在，
而对一个灵魂来说，他缥缈的身体
胜过我许多。

指给我看

指给我看
那棵目力不及的树。
一种觉知
在我的枝干间筑巢。

面孔

一阵清风无声地抚摸我的皮肤

晨光轻柔地洒在树叶之上

一个世界缓缓地张开四肢

我的面孔再次显露于每一个地方。

透过

我窗前的榕树，
笔记本，笔，闪烁的光点。
透过花朵和绿叶的幕帘，
传来街道上引擎的轰鸣
与嘈杂的人声。

时刻

谁能描述这个时刻?
我独自坐在这里
一言不发看着一切:
蜂蜜悬在空中，四周一片碧绿。
一只思绪的飞虫独自盘旋
在这清晨的天堂之上。

课程

1

清晨
我想学习
在风中摇曳的树枝
的语言。

2

风，也吹向我吧，
教我怎样把词语
摇晃成精灵。

3

展开我的枝干，
教我成为
就是我的那棵树。

4

从黑土的深处到花朵的芬芳，
是我恰宜的体重，我的位置，
我的生命。

5

树叶升起
树叶落下，
和我一样。

旅途

你被活埋，困在重重墙壁之内
已经很久，安稳地远离邪恶。
你的梦随着商队游走于
你不让自己目睹的荒野。
同样的情景掩藏了你那扇
通向“外面”那个房间的窗户，你的灵魂
想要挣断牵引它的细绳，
却无法从这窗户逃走。
甚至在那慈悲的时刻，
召唤你的“那里”也不再悲悯——
在情人的身旁，你不得安宁，
甚至汩汩的溪流也不让你安眠。
你叹息着合上书
里面每一页上都写着“向前走”。

星期一

凌晨，新的一天在地平线上变红
世界从无数影子之间升起，
每一棵树、每一块岩石突然变得分明
而你也被从树叶里释放出来。
你独自上路，此外没有别人。
开门，出发——没什么可以准备的。
只有你的双脚会在“此地”和“我在”之间
  踩出一条小径。
这很简单——因为一切都崭新、诱人、充满
  活力，
还有什么能阻止你出发？
即便挡住道路的东西也催促你继续前行：
去尝试一切！燃烧吧，伴随着每一种欲望，
每一种爱、自由和冒险！

流浪者的晨歌

——仿歌德诗句

屋顶之上
灿烂的阳光。
疾风的低语
驰过绿叶。
电线上方
啁啾的树冠
不久之后
你也将
徐徐升起。

树，还是树，森林无限延伸
一次次让你选择脚下的路：
去哪里？左还是右？谁知道？
用你的心去行走，这才是关键。
常言说，避开大部队的道路，
去走偏僻的小径！
但即便这条小径也是很久以前
路过这里的人们用脚步劈砍出来的。
看看四周，离开这条路；
那棵树，那头鹿，那只鹰
将带你走向最终的目标，
而你也将用你的脚步声开凿出一条新路：
在人的丛林中，不需要路，只需要知道
内部如何变成外部。

你独自出发，独自行走
朋友挥手道别，并已回家；
每个人都是自己家中的国王，不论独自一人
还是亲朋满座，永远是同样的饥渴。
你渴望什么？你在寻找什么？
你不知道，你怎么可能知道
你火焰般的梦抓住的那个东西是什么？
除了灵魂的炙热它还会是什么？
孤单的你自由了，但这又如何？
自由是一只空罐——用什么来把它装满？
你心中的干渴无法止息，
被放纵的东西无法抑制。
没有了名字、财产或历史——你又是谁？
道路继续蜿蜒向前，此外空无一物。

城市

让这个城市永远被赞美——
人类的魂灵在她的街道上飞奔；
在公交车上，在路上，在商店里，
我们的心灵在她体内懂得各自的饥饿。
她在一些人头顶挥舞主人的皮鞭，
向另一些人叉开她在海滩上的大腿；
在餐馆、酒吧、夜总会里
她斜靠着，用饱满的乳房挑逗你。
她是教人操纵肉体的大师，
她向你招手，她的灵魂充满渴望；
她统治着我们，用沙哑的嗓音说：
伸出你的手，抓住爱的果实！
她是你的、他的、我的——是我们的：
我们共享这个时刻，却忘记它通向哪里。

在夜的岸上

一股暗流从我们耳边呼啸而过。

我们周围黑乎乎的洞口

如叹息般张开。

我们的心脏像玫瑰一样卡在胸中，

我们继续呼吸。

星期四

在步行者的路口停步，坐下来，逗留在
久久的对视、一次触摸、一个众人聆听的故
　事之中。
但要记住，在这群人的篝火旁，
你找不到自己想要的东西。
不要无谓地加入这个旅队，
免得去忍受皮鞭与习俗的轭头：
即使我们共同生活一百年
我们也将倚着各自的灵魂，各走各的路，
我们独自来到这个世界，还将
独自走在众生之路①上；
并且我们将离开这个世界，各奔东西——
我们已经错过的，就让它错过吧。

① “众生之路”（the way of all flesh）出自《圣经》，意味有肉身者必走之路，隐喻“死亡”。

你独自在路上愉快地歌唱，

但即便独自一人，你也在用第二个声音歌唱；

怎样把你自己和自己相区分？

在通向你的世界的门前，汇聚着一个蜂群——

有无数“我”的整个王国在你的大门口集合。

星期五

你在行走，似乎独自一人，
虽然你的身后
有一群执拗的人紧紧跟随，
在黑暗的边缘看着你。
在那儿，妈妈依旧在训斥和抚慰，
爸爸用为人处世道理提出警告，
一位老师摇晃着食指，
校长在桌面上擂着拳头。
吃掉你苹果的诺瑞特[①]，一个妇人的形象
她的影子绝不放过你——
一百个声音在风中低语，
以你的声音命令你，无法逃避。
逐一按名字辨别出每个声音，
说再见，继续走，独自一人，无需依靠。

① 诺瑞特（Nourit），女孩名，来自一首脍炙人口的童谣。故事讲的是一个小男孩送给诺瑞特一枝花和一个苹果，以讨她欢心。诺瑞特随手把花扔掉，吃了苹果，然后去和其他孩子玩耍。

你在自己的肉体中已经从他们那里学会怎样
　控制
自己、亲人、敌人——每一个人。
你守护着自己的世界，你去奋争只是为了生存：
许多年他们一直作为痛苦和恐惧的鬼魂
住在你的心里——你的力量被他们掌控。

现在是你在斥责和抚慰，
是你在诱惑、撒谎和责难？
那又是谁在捶打桌子，满怀责备地摇晃着手指，
训诫，并咆哮着作出暴怒的评判？
不是你。不要听从那些声音的指示。

你在哪里？

你在哪里？汝在何方？
每天看见一个新世界的
那双眼睛在哪里？
你手持棍棒，无畏地
与盛开成簇的紫色荆棘花奋战时
走过的那条路在哪里？
那些岁月中母亲的拥抱、
世界温馨的胸怀
在哪里？
我从谁那里用你换来
这一切？它们
何时把你从那里带离，并放逐到
我躲躲藏藏的心中？
直到何时，孩子？来吧，
朋友，回到我的身边。

你还在行走，可你的背弯曲了，
你的恐惧是一个沉重的负担，未曾消除。
许多年来它一直在增长，仿佛是连体的魔鬼
　胞弟
长在你背上，吸干你的能量。
你还在行走，可灵魂的鬣狗
已经扑向心灵的尸体，
这些尸体是用假话怂恿你的
每一种冤屈、谎言和暴力。
你心灵的背叛就像紧跟在身后的火蝾螈
在黑暗中撕咬，
饥饿的牙齿向你逼近——
曾经的你，那个孩童，已被吞噬。
它们蹲在你门前嚎叫：
我们是你的无数张脸，照镜子，并治愈我们。

我们生命劳动的早晨已经到来，
到正午我们的脊背已经极度弯曲。
到晚上我们吸入最后几口气；
我们曾经从哪里来？将要到哪里去？

我坐在众人围成的圈子里四处张望，
向朋友伸出一只手，他们也把手伸向我。
但不论我们如何努力尝试，
我们都够不到彼此。

我们已经独自到达这里，我们还将
独自在陌生的黑暗中灭绝，一个接着一个，
在那里我们还将坐成一圈，徒劳地
向彼此伸出双手。

我们每天早起，为了死亡辛劳，
到正午我们的脊背已经极度弯曲。
疲惫的我们放开我们的灵魂
任他们在生者的国度里再生。

在生者的书中，阅读他们的死亡，
在死者的书中，阅读他们毕生的故事；
圈子在转，而我们就在这个圈中——
伸出的手，空白的脸。

桑巴提庸河[①]在黑暗中奔涌
从我们眼皮下流过，在那里，
在“我”这位最高法官面前，每个人都受到审判，
裁断是来自他心灵的判决。
在那里，在重重血浪上方的窄桥之上
死者哀号着，战栗着
而梦中黢黑的吃人妖魔
从下面把手伸向他们。
没有脸的生灵嚎叫着，啜泣着——
让我们曾经使用的名字归还于我们！
我们曾经是人，各位弟兄，帮帮我们，
我们的心灵已经死亡，我们应该转向何方？
但如果你的心醒着，就静静地看：
那儿再没有一条桑巴提庸河流过。

① 桑巴提庸河（Sambation）是犹太人传说中一条神秘的河流，它水流湍急，且每周连续六天喷吐石头，使人无法渡河，但会在每个安息日（每周最后一天）停止流动。

翅膀

亲爱的，张开你的翅膀，看看
你身边这个令人深爱的世界——
不要让你的情绪低落。
即便在重重黑暗的深处，也要
记住：你正在飞向光明。

那里

我在行走但不知要去向哪里——
我的目标隐藏在我双脚中。
我向那里张望，并不少于对这里的注视；
我心中只有对道路的爱。
世界的幕帘升起，这场演出属于我——
一座山和一座峡谷——未知的脸庞；
让我被送到知识的星宿那里
学习如何与梦中的生灵一起观看。
我受到祝福，我非常富有！——我的幸福就是富有
而富有同样也是我的痛苦：
当世界是一条小路，我有健康的身体；
当我眼中有一堵墙，我的心灵感到疼痛。
在此刻的土地上我已经是一位国王；
我的目的地并不是这条路的尽头。

这里

我是一个微小的朦胧世界的君王
坐在一道高山和一个睡梦之间；
在这里，我一片片辽阔的土地就像潮水
波涛澎湃，涌向双眼的边缘，
大风充塞我灵魂的种种景观。
我在这里遇到的一切都深受欢迎，
各方的道路都通向这里；
我不会让我的脚步变得匆忙，相反，
我的双眼只想要它们在这里看到的东西。

歌唱

我无法沉默，
我想唱歌。
我无法保持沉默，
我从不休息。
这支歌在我的琴弦上晕眩
根本不愿停歇；
我想要起舞，
喜悦把我撕碎——
别把我捆起来；
出来跳舞吧！
我无法沉默；
别乞求它停止
即使一场风暴
从我的琴弦上涌起；
这是因为你，朋友，
因为我的爱，
也因为你的爱。

开始

今天，我这颗心是崭新的，
除去了记忆，但通晓世事。
我仿佛在一间镜子屋里看到过去的每一天。
就像一位旅人横穿的风景——
仍在那儿，但再也看不到——
什么也没有消失，每一个时刻都永远存留；
任何尽头都不是终点；
每一个事物都是一个开始。

阿米尔·欧尔（Amir Or）

1956年出生于以色列特拉维夫市，翻译家、编辑、诗人。迄今出版希伯来语诗集12部，包括《诗》（1996）、《时间博物馆》（2007）、《心中的动物》（2010）、《疯人的预言》（2012）、《翅膀》（2015）等。曾获多种诗歌奖项，诗作被译为40多种文字出版。

王　浩

1974年出生于云南昆明，云南大学教师。主要译作包括《1650—2000年——阐释历史》（《欧洲视野中的荷兰文化》系列丛书第五卷，2007）、*Chinese Windmill*（2007）、*Dreams of the Terraced Fields*（2011）、*The Third Pole*（2015）。

图书在版编目（CIP）数据

时间博物馆 /（以）阿米尔·欧尔著；王浩译. -- 北京：外语教学与研究出版社，2016.12（2019.6重印）
ISBN 978-7-5135-8455-5

Ⅰ. ①时… Ⅱ. ①阿… ②王… Ⅲ. ①诗集－以色列－现代 Ⅳ. ①I382.25

中国版本图书馆CIP数据核字（2017）第019232号

出版人　徐建忠
责任编辑　易　璐
执行编辑　刘　喆
装帧设计　净相设计
出版发行　外语教学与研究出版社
社　址　北京市西三环北路19号（100089）
网　址　http://www.fltrp.com
印　刷　中农印务有限公司
开　本　787×1092　1/32
印　张　6
版　次　2017年3月第1版　2019年6月第3次印刷
书　号　ISBN 978-7-5135-8455-5
定　价　25.00元

购书咨询：（010）88819926　电子邮箱：club@fltrp.com
外研书店：https://waiyants.tmall.com
凡印刷、装订质量问题，请联系我社印制部
联系电话：（010）61207896　电子邮箱：zhijian@fltrp.com
凡侵权、盗版书籍线索，请联系我社法律事务部
举报电话：（010）88817519　电子邮箱：banquan@fltrp.com
物料号：284550001